崇陵鸟瞰

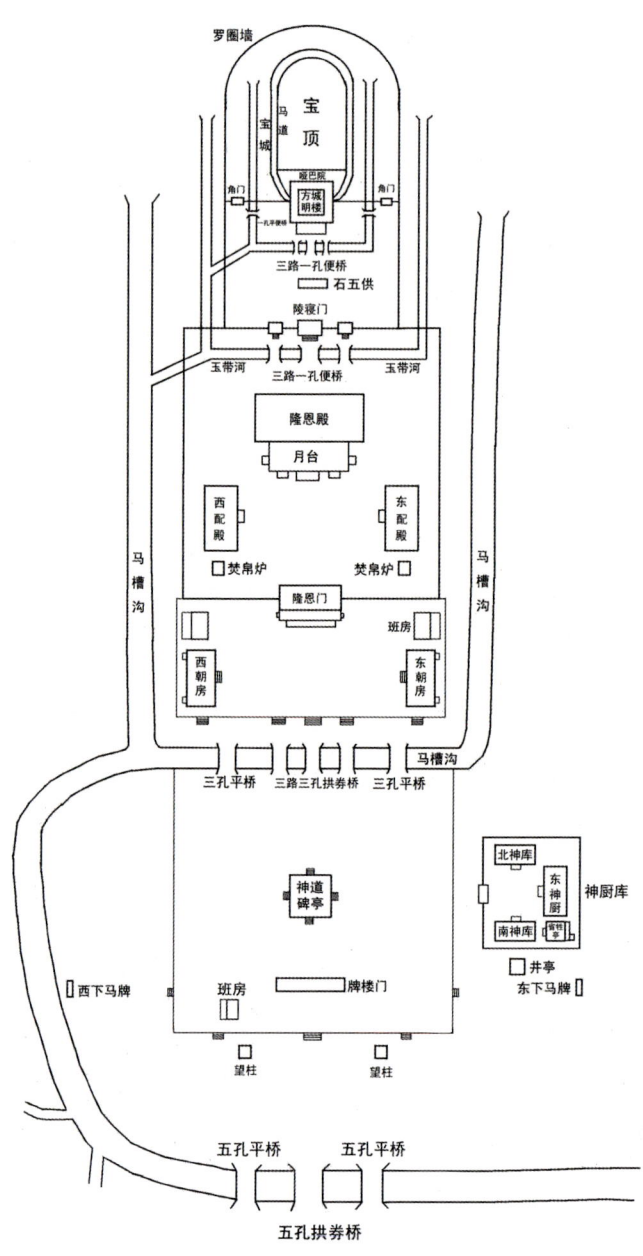

崇陵平面示意图（绘图 徐鑫）

崇陵五孔拱桥

五孔拱券桥。"崇陵前面的第一座建筑是五孔拱桥,位于陵寝的中轴线上,完全仿惠陵五孔拱桥而建。桥栏杆的望柱为二十四气柱头。桥孔为石券,每个桥孔上有吸水兽。拱桥两侧对称地各有一座五孔平桥。"

崇陵西侧望柱

望柱。五孔拱券桥北约二百米处，左右各有一根青白石雕刻的望柱。每根望柱用石栏杆围绕，栏板和小望柱各四个，柱头为狮子。

崇陵牌楼门

崇陵牌楼门。望柱北面中轴线上是一座冲天式牌楼门,规制为五门六柱五楼。每根石柱顶端都有蹲龙。东三柱的蹲龙头朝西,西三柱的蹲龙头朝东。照片上的前檐装修不是原状。

崇陵牌楼门南面西侧之班房

班房。牌楼门南面西侧的海墁上有一座班房,坐西朝东,单檐硬山卷棚顶,面阔三间,专为看护牌楼门的官兵值班用的。这是在清陵中唯一幸存的牌楼门班房。

崇陵神道碑亭

神道碑亭。位于牌楼门以北的神路上，重檐歇山顶。亭内龙首龟趺上竖立神道碑一统，用满文、蒙古文、汉文三种文字镌刻着"德宗同天崇运大中至正经文纬武仁孝睿智端俭宽勤景皇帝之陵"二十七个字。碑身上钤盖（刻）"宣统尊亲之宝"六字宝文。这是雍正帝首创皇帝陵三匾二碑钤盖"尊亲之宝"制度以来，除了惠陵之外，崇陵最后执行了这项规定。水盘四角的旋窝内分别雕刻鱼、龟、虾、蟹。每券门原有四隔扇，近年修缮时已恢复了原状。

崇陵神厨库外景

崇陵神厨库之井亭

神厨库。在神道碑亭的东侧即左侧建有神厨库。内建神厨一座，面阔五间，单檐悬山顶。南北神库各三间，单檐悬山顶。东南角建省牲亭，重檐歇山顶，环以围墙，围墙西侧建门楼一座。神厨库南墙外为井亭，四角攒尖顶，亭内有井一眼。

崇陵三路三孔拱券桥

　　三路三孔拱券桥。神道碑亭北有马槽沟一道，上建三路三孔拱券桥一组，栏杆为龙凤柱头。每个拱券式桥孔上方都设有吸水兽。三路三孔拱券桥两边各建三孔平桥一座，每座平桥都安设栏板。

崇陵隆恩门

隆恩门。俗称"宫门",单檐歇山顶,面阔五间,门三个。隆恩门前后有连面连三六级踏跺。隆恩门前有月台。月台前是石礓磜,两侧有抄手踏跺。中门上方南侧悬挂斗匾一块,用满文、蒙古文、汉文三种文字题"隆恩门"三字。匾上有"宣统尊亲之宝"六字宝文。

崇陵隆恩殿

隆恩殿。隆恩殿是与隆恩门正对的一座高大建筑，重檐歇山顶，面阔五间，进深三间。殿前月台上面原设鼎式炉一对、铜鹿一对、铜鹤一对（现在这些陈设都已不存在）。月台有踏跺五座，其中正前方三座踏跺，中间踏跺正中设有丹陛石一块。月台周围设有石栏杆，龙凤柱头。殿的南侧上下檐之间悬挂斗匾一块，用满文、蒙古文、汉文三种文字题"隆恩殿"三字。匾上有"宣统尊亲之宝"六字宝文，字为铜镀金字，用小铜针钉在匾上。殿内设暖阁三间，中暖阁供奉帝、后神牌，东暖阁为佛楼，西暖阁设有神龛。

崇陵西配殿

东西配殿。位于焚帛炉的北面，单檐歇山顶，面阔各五间，有前廊。东配殿是存放祝版和制帛的地方，也是隆恩殿在大修时临时存放神牌、进行祭祀的地方。西配殿是喇嘛念经的地方。每年帝、后素服日（忌辰），西陵永福寺派十三名喇嘛在西配殿诵读满洲版《药师经》，以祭祀和超度亡灵。

崇陵陵寝门

陵寝门。又称三座门、琉璃花门。单檐歇山顶,中门规制较高,两旁门规制相同。中门门跺上镶嵌琉璃的中心花、岔角花。

崇陵石五供

石五供。石五供由祭台和五供组成。五供即石香炉一、石花瓶二、石烛台二。石五供位于方城之前、院内神路正中。崇陵石五供的最大特点是花瓶和烛台是方体的。

方城明楼

方城。 玉带河北面是方城，方城前的月台两侧安设石栏杆，月台前设有一座大礓礤，礓礤为澄浆砖所砌，礓礤分上下两部分，中间设一个叠落月台，两侧也安装石栏杆。方城为墩台式方形建筑，顶部东南西三面做雉堞，北面成砌宇墙。台面铺墁方砖。雉堞内侧脚下设青白石荷叶沟。方城每侧设挑头沟嘴各一个，以排出方城上的雨雪水。

明楼。 位于方城之上，形制与神道碑亭相仿。明楼南面两檐之间悬挂斗匾一块，上面分别用满文、蒙古文、汉文三种文字题"崇陵"二字。和隆恩门、隆恩殿的斗匾上的字一样，均满文居中，蒙古文在左，汉字在右，每个均为镀金铜字，用铜钉钉到匾上。

崇陵哑巴院之琉璃影壁

哑巴院、月牙城。在方城的北面，方城与宝城之间有一个小院子，称为哑巴院。哑巴院的北墙，为月牙城。

清陵哑巴院、月牙城是仿照明十三陵中的昭陵哑巴院、月牙城的规制。哑巴院的北面就是宝顶，月牙城相当于宝城的南墙。院内的北墙上建有一座琉璃影壁，东西两侧各有一座转向磴道。哑巴院内地面上还设有两个七星沟漏，以排出院内雨水。琉璃影壁有美化作用，另外遮挡住了地宫隧道南口的券砖，使人不易发现地宫入口。

大清皇陵之飘摇的崇陵

徐鑫 ◎ 著

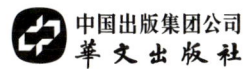

图书在版编目（CIP）数据

大清皇陵之飘摇的崇陵 / 徐鑫著 . —— 北京：华文出版社 , 2021.6

ISBN 978-7-5075-4989-8

Ⅰ . ①大… Ⅱ . ①徐… Ⅲ . ①光绪帝（1871-1908）– 陵墓 – 介绍 Ⅳ . ① K928.76

中国版本图书馆 CIP 数据核字 (2021) 第 054633 号

大清皇陵之飘摇的崇陵

作　　者：徐　鑫
责任编辑：方昊飞
出版发行：华文出版社
地　　址：北京市西城区广外大街 305 号 8 区 2 号楼
邮政编码：100055
网　　址：http://www.hwcbs.com.cn
电　　话：编辑部 010-63430751　发行部 010-58336202
　　　　　总编室 010-58336239
经　　销：新华书店
印　　刷：北京画中画印刷有限公司
开　　本：710mm×1000mm　1/16
印　　张：13 彩插 2
字　　数：140 千字
版　　次：2021 年 6 月第 1 版
印　　次：2021 年 6 月第 1 次印刷
标准书号：ISBN 978-7-5075-4989-8
定　　价：58.00 元

版权所有，侵权必究

前 言

十几年前,中央电视台《百家讲坛》"清十二帝疑案"系列节目播出后,越来越多的清宫历史剧进入了人们的视野,也丰富了人们的业余生活。对清朝历史感兴趣的人越来越多了,这方面的普及性历史读物也开始多了起来。但是,其中哪些是真实的历史,哪些是毫无根据的传言,哪些还在历史学界争论中,电视观众和读者是难以分辨清楚的,因为他们没有掌握大量的历史文献资料,更不具备历史专业人士的识别能力。因此,越来越多自编自导的"历史"知识随着这些清宫剧灌入了人们的头脑中,扭曲了历史真相,误导了人们的历史思维。无论是历史学家还是历史爱好者,都应该怀有一颗对历史负责的敬畏之心,站在科学理性的角度,客观地还原历史真相,把正确的历史知识传播给渴望了解历史的人们。我们应该对世人负责,对历史负责,对自己负责。

2008年是清朝入关后第九帝——光绪帝去世的第一百年。关于光绪帝的死因，众说纷纭，争议很大。无论是官方的记载，还是中国第一历史档案馆珍藏的光绪帝的"脉案"的记述，都表明光绪帝是因病死亡的。然而很多人的著述则称光绪帝是被害死的。究竟哪种说法正确？有没有一种科学的考证呢？答案是有的。如果说光绪帝是被害死的，那无非是人为地迫使其死亡——一些私人的回忆和记述都称光绪帝是被毒死的。如果被毒药毒害死，尸体内就会残留下毒药的成分，化验尸骨是现在人们检验人体是否中毒的最常用且非常有效的手段之一，对古人尸体的化验也不例外。

1980年，清西陵文物管理处开启了光绪帝的崇陵地宫，并清理了光绪帝的棺椁。但是，由于受当时条件的限制，他们只是简单地对光绪帝遗骨进行了化验。虽然陈宝蓉先生在《清西陵纵横》上说光绪帝死因符合历史的记载，但民间却传出了不同的说法：光绪帝是砒霜中毒而亡。这究竟是怎么回事呢？

2008年11月2日，光绪帝死亡的历史疑案有了重大突破，国家清史编撰委员会正式公布了秘密研究化验光绪帝尸骨的检验报告，披露了导致光绪帝死亡的真正原因——砒霜中毒。

光绪帝是清朝皇帝中比较能够接受新思想的青年皇帝，他力图变法改革，以挽救大清这个即将崩塌的庞然大物。在他亲政的十年间，发生了三件震撼中国的大事，不仅改变了整个中华民族的命运，也彻底将他自己的命运打入深渊。这三件大事，一是中日甲午战争，二是戊戌变法，三是八国联军侵华战争。这些都是关系到国家和民族命运的大事情，也是光绪帝一生命运的关键转折点和价值的最大体现。光绪帝虽然具有救亡图强的进取精神，在变法中做出了巨大努力，但由于其一向逆来顺受的软弱性格以及为他人利用而做出的错误判断，他最终无法挽救国家的命运和扭转民族的危亡，自己也落了个遭受长年软禁的结局，最后含恨逝于瀛台。

光绪帝的崇陵在营建过程中也有很多令人不解之处以及鲜为人知的内幕，而在开启其地宫的过程中，人们更是遇到了很多困难，在那已经过去的时间里发生的真相如何呢？笔者参考了大量相关资料，并就这段历史和整个历史事件做了一些初步的调查，在这里将自己的研究心得与读者一一分享。

通过考古发掘的方式来研究、考证光绪帝的历史问题，这是笔者撰写本书的真实目的。因为考古是一项富有开创性和科学还原性的工作，它的社会价值和文化价值，不仅仅在于对古代文明遗产的发现，也是对古代历史文献的一种严肃考证和科学利用。而其最实用的价值就是结束了历史学术层面对历史疑案、悬案的长久争论，还历史一个真实的面貌，为人们最终掌握其历史价值、意义和发展方向提供了最强有力的客观保证。

目 录

序章 / 01

第一章　触摸清西陵 / 15
清西陵的来历 / 17
"父子分葬" / 25

第二章　皇宫深处的争斗 / 29
抱进皇宫的小孩 / 31
光绪帝大婚 / 39
可叹"囚徒天子" / 48

第三章　聚焦光绪陵 / 65
不得不说的一段历史 / 67
并不理想的陵址 / 75

第四章　死者安息的场所　/ 87

地宫里的这对男女　/ 89
皇帝的奉安大典　/ 100
一个迂腐的老头　/ 104
宁静被打破　/ 107

第五章　地下宫殿悄然打开　/ 111

由泰陵转战崇陵　/ 113
发现金刚墙　/ 116
推开半开的石门　/ 123

第六章　地宫里面的困惑　/ 135

石门菩萨胡须之谜　/ 137
历史在演变　/ 145
地宫藏宝之谜　/ 150

第七章　地宫里的意外收获　　/ 159

一位记者的考古回忆　　　　　/ 161
打开棺椁　　　　　　　　　　/ 166
金井中的惊喜　　　　　　　　/ 172

第八章　揭开光绪帝死亡真相　/ 179

化验尸骨的困惑　　　　　　　/ 181
现代科学手段的介入　　　　　/ 188

参考文献　　　　　　　　　　/ 195

序　章

　　光绪三十四年十月二十一日（1908年11月14日）酉时，年仅三十八岁的光绪帝独自一人躺在冰凉寂静的中南海瀛台涵元殿内的龙床上，满含悲愤地离开了人间。巧合的是，第二天下午未时，操纵晚清政权近半个世纪之久的慈禧也死在中南海仪鸾殿，终年七十四岁。大清王朝这两个顶尖人物先后死去，其间相隔只有二十个小时，不足一天。这是历史巧合，还是人为安排？若出于对这两人生前积怨很深、势同水火的关系来认识，人们不禁对光绪帝的死因产生了种种猜测：正当壮年的光绪帝怎么会死在风烛残年的慈禧之前呢？因此，光绪帝的死因便成了清末最大的一桩历史疑案。

光绪帝

对于光绪帝的死亡，1908年11月15日，远在大洋彼岸的美国《纽约时报》有过这样的报道：

北京，11月14日讯：光绪皇帝于今天下午5点钟过后不久去世。人们在对皇宫里所发生的事情胡乱猜测了一天后终于得到了证实，消息是由皇宫宣布的。

光绪皇帝去世时，皇太后自己的灵柩也已在宫内准备就绪。她的病情同样严重，并且，人们于今天早些时候带给她的皇帝死讯导致了她的精神崩溃。这种状况让她再也无法利用她和皇储之间的血缘关系来巩固她的权力了。按照大清体制，这种关系会极大地助长她的权势。

在清国人民中间，鲜有迹象表明人们对正发生着的事有什么情绪化的反应。皇帝的驾崩以及皇太后在很短时间内也可能崩逝这件事对清国人来说几乎没有什么影响。清国人所追求的是一条平稳、连贯的发展道路，根本不会为了这两人的死而悲伤。

....

最近天气异常引发皇帝死因

昨天和今天我们都很难从大清国宫廷中得到什么消息，这主要因为清廷的惯例是：对任何一位皇室成员的死都严加保密。

外务部昨晚和今天白天一直忙于矢口否认外界关于皇帝已经死亡的报道。甚至，昨天晚上9点钟他们还发表了一项声明，大意是皇帝陛下的病情稍有好转。然而，北京的外国居民们感到非常困惑，因为他们无法得知事情的真相是否和大清朝廷的声明背道而驰，或者说，清廷是否做出了虚假的声明。不过，一般人的看法是，皇帝已经去世了，或许是昨晚去世的，或许更早。

1908年11月16日，美国《纽约时报》再次报道：

伦敦，11月15日电： 从北京发往伦敦《泰晤士报》的一则消息说，大清国慈禧皇太后已于今天去世。大清国皇帝陛下刚刚于周六去世，他们两人死亡时间离得如此之近，不由启人疑窦。人们怀疑这件事情的背后可能有谋杀。而刚刚死去丈夫的皇帝遗孀对其他人而言无足轻重。

清国皇帝死亡的直接原因据说是神经衰弱症。当快断气时，皇帝陛下拒绝让别人把他搬到长寿宫去，这违背了大清国的先例。因为每当清国统治者死去时都被指定放入这个宫殿中。终于，他在还没穿上在这种场合应该穿上的寿衣之前就断气了。

据以上报道，外国人在得知光绪帝死亡之后，第一感觉是对死亡时间的质疑，并由此引发对光绪帝死亡真相的质疑。

对于光绪帝的死亡，为什么会有如此质疑呢？原来，结合历史的巧合和光绪帝生前与慈禧"母子"的关系，太医院医生对光绪帝临床病状的描述，以及光绪帝的性格和所处的政治环境，许多人认为光绪帝的死是人为毒害所致，尤其是当他死后不足一天时间，他的政治对手——慈禧也跟着死了，这种巧合在概率上与实际上都是说不通的。

也许有人会问：光绪帝贵为天子，有九五之尊，谁敢害他？又有谁能害得了他呢？

光绪帝虽贵为天子，但当时已被囚禁十年，他所拥有的仅仅是一个"皇帝"的空头名号，并无天子之尊之威之权。在没有被囚禁之前，忠心于他的股肱之臣和掌握实权的心腹朝臣本寥寥无几，被囚禁之后，即使在囚禁之地也都是时刻监视他的人，他身边根本没有什么贴身的心腹之人，乃至一个小太监若是敢冒天下之大不韪去加害他，也是容易办到的，只不过没有人有这个胆量。别看光绪帝没有了权威，但他的政治对手却不少，或者说恨他的人很多，很多人都巴不得他早死，以免他日后东山再起，翻老账旧账，算到自己头上。毕竟那些人都心里清楚，光绪帝不是糊涂者，心里明白谁是他的臣僚，谁是他的对手，

统治中国四十八年之久的慈禧

只有他死了,他们才是最安全的。

统观光绪帝身边左右和朝野上下,有可能害死光绪帝的嫌疑人有四个,分别是慈禧、李连英①、袁世凯和奕劻。

在怀疑的四个人当中,慈禧最有可能,而且她也的确是最有权力和便利条件害死光绪帝的人。虽然有"虎毒不食子"的说法,

---

① 民间传说称"李莲英"。笔者认为"李莲英"正确写法应为"李连英"。理由:一、现珍藏于中国第一历史档案馆中的清宫档案中均为"李连英"。二、《清实录》中记载使用的也是"李连英"。三、李连英死后的墓碑碑文中明确记载:"公姓李氏,讳连英,字灵杰。"四、研究清朝太监的著名专家唐益年先生在其论文《总管太监李连英的宠辱一生》中,不仅通篇均用"李连英",而且在文中指出:近百年来,史家著述及民间传说中都将李连英的名字误写成"李莲英",却不知这个谬误源于何时何处。

但此时的慈禧考虑的却是另一番道理，她自知已病入膏肓，存世不会长久了，她不愿意看到与自己争斗了一生的政敌——光绪帝在她死后重新掌握朝政，推翻她费尽一生心血建立起来的威望和政局，所以只能害死被囚禁的光绪帝。因此，《崇陵传信录》等书认为，慈禧害死了光绪帝。

对慈禧害死光绪帝这种说法，很多史料都有所记载。其中，《清末民初云烟录》中记载：

清末湖北名医吕用宾曾追述一件有关的事。据吕谈，当时太后视光绪皇帝为眼中钉，而又难以下手，遂以皇帝有病为名，想借医生之手，用误药致帝于死，然后嫁祸于人。但太医善于规避责任，一向用药和平，积习成风，所开药方既不能治好病，也不会治死人，使其无隙可乘。因而，太后就责令各省督抚推荐医生，指望对帝杂以虎狼之药。吕被湖北省保举进京，入宫仔细诊察光绪皇帝并无大病，不过饮食劳伤，拟用轻药调治，而太后不准，说过去太医所开轻药不中用，非开重药不可。在严威之下，吕震恐失次，竟然因此得了咽膈病。

清皇室后人、著名书法家启功先生依据祖辈亲历见闻，结合自己的考证，在《启功口述历史》中是这样讲述光绪帝之死的：

西太后得的是痢疾，所以从病危到弥留的时间拉得比较长。候的时间一长，大臣们都有些体力不支，便纷纷坐在台阶上，哪儿哪儿都是，情景非常狼狈。就在宣布西太后临死前，我曾祖父看见一个太监端着一个盖碗从乐寿堂出来，出于职责，就问这个太监端的是什么，太监答道："是老佛爷赏给万岁爷的塌喇。""塌喇"在满语中是酸奶的意思。当时光绪被软禁在中南海的瀛台，之前也从没听说过他有什么急症大病，隆裕皇后也始终在慈禧这边忙活。但送后不久，就由隆裕皇后的太监小德张（张兰德）向太医院正堂宣布光绪皇帝驾崩了。接着这边屋里才哭了起来，表明太后已死，整个乐寿堂跟着哭成一片，在我曾祖父参与主持下举行哀礼。其实，谁也说不清西太后到底是什么时候怎么死的，也许她真的挺到光绪死后，也许早就死了，只是秘不发丧，只有等到宣布光绪死后才发丧。这已成了千古疑案，查太医院的任何档案也不会有真实的记载。但光绪帝在死之前，西太后曾亲赐他一碗"塌喇"，确是我曾祖父亲见亲问过的。这显然是一碗毒药。而那位太医院正堂姓"张"，后来我们家人有病还常请他来看，我们管他叫"张大人"。

溥仪在《我的前半生》中写道：还有一种传说，是西太后自知病将不起，她不甘心死在光绪帝前面，所以下了毒手。这也是可能的。

虽然李连英、袁世凯和

溥仪像

奕劻也被列为可能害死光绪帝的凶手，但经过仔细的推敲，似乎证据不足。

英国人濮兰德和白克好司的《慈禧外纪》和德龄的《瀛台泣血记》则认为，清宫大太监李连英等人平日里仗着主子慈禧的权势，经常中伤和愚弄光绪帝，他们深恐慈禧死后光绪帝重新主政，会清算他们往日的罪孽，所以先下手为强，在慈禧死前先把光绪帝谋毙。

德龄在《慈禧恋爱纪实》书中有《光绪是怎样死的》一文：

光绪的死，外面曾有许多种不同的说法，我现在就打算把真相告诉读者。

…………

光绪关在瀛台的时候，曾经开始写一本日记，将他每日所做的事以及他内心的思想都实录下来。不幸其中有一部分不知怎么传了出去，而引起了李莲英（注："莲"字为原书作者所用，下同）的注意。这一部分日记的大意可以归纳成为以下一段："我现在病得很重，但是我心里觉得老佛爷必定会在我以前死。若果如此，我必下令斩杀袁世凯与李莲英。"

杀死袁世凯与否，当然不是李莲英所关心的，但他的名字也列在该死的人里面。现在老佛爷的春秋已高，随时都有大行的可能，不由得使李莲英有点儿惊慌。

…………

李莲英听得光绪日记里有这样的文字之后，立刻就去报告给老佛爷听。她听了虽然没有发雷霆之怒,却满面浮起了不快的神色。狡猾的李莲英向太后进谗言道:"皇上似乎想要死在老佛爷之后哩,真想不透他所以这么想的理由!过去他跟袁世凯设计要害老佛爷性命的事,我们还没忘记哩!"

"李莲英,"太后问,"你以为这是他想谋取我性命的另一次企图吗?"

李莲英,奸诈之极,只在脸上掠过一层悲伤的表情。

"你的意见如何?"太后问。

"若是皇上在老佛爷以前死,那么各方面就都容易办了。"

这些著名的太监向来是不主张向皇上或皇后奏得明明白白的,他们所奏谏的往往都是含糊其词,适可而止。

听了李莲英的这番话之后,老佛爷便下旨道:"皇上病

德龄与慈禧像

李连英像

得很厉害。他过去一直病着，以后他的病也一定不会好。我心里想他的病之所以迟迟不愈，大约是一般侍奉汤药的人不尽职所致。此后还是你去看看吧！"

李莲英也用不着再问起他的话了。他立刻就将光绪一切饮食医药的事一把都揽了过来。

不久以后，光绪就卧床不起。李莲英服侍他之后似乎没有减轻反而加重了他的病。光绪明知道他是逐渐地中毒，可是他却无能为力。

……

李莲英一直留在光绪的房里，名义上是照顾他，事实上却像个追命鬼，滞留着要抓人……光绪在万分痛楚中死去。

笔者认为，在清宫中作为最低贱奴仆的李连英，虽然在众多太监和宫女中有显赫的权势和地位，有着多年陪王伴驾的经验，但他深知宫廷斗争的残酷和卷入其中的下场，他不大可能孤注一掷地把自己陷入大不韪的地步，除非受到别人的指使。

至于是不是袁世凯，溥仪认为，袁世凯在戊戌变法时辜负了光绪帝的信任，在关键时刻出卖了光绪帝，于是袁世凯担心一旦慈禧死去，光绪帝绝不会轻饶他，所以借进药的机会暗

袁世凯像

中下毒，将光绪帝毒死。故此，他在《我的前半生》中写道：我也听见一个叫"李长安"的老太监说起光绪帝之死的疑案。照他说光绪帝在死的前一天还是好好的，只是因为用了一帖药就坏了，后来才知道这帖药是袁世凯使人送来的。按照常例，皇帝得病，每天药方要分抄给内务府大臣们每人一份，如果是重病，还要抄给每位军机大臣一份。据当时一位内务府大臣的一位后人告诉我，光绪帝死前得的病不过是一般的感冒，他看过那些药方，脉案很平常，也没分抄军机。当时人们接到光绪帝病重消息都很奇怪，因为前一天还看到光绪帝像正常人一样，站在屋里说话。更奇怪的是，病重消息传出不过两个时辰，就听说已经"晏驾"了。总之，光绪帝是死得很可疑的。

康有为也持此说，他在《讨袁檄文》中写道：近者太后春秋已高，袁世凯毒谋已急，密行重贿，累啖御医……冬来，后病奄碟，人命危浅。宫车晏杂，不日不时，袁世凯遂铤而走险。力荐

康有为像

庆亲王奕劻像

学西医者速发毒谋，西药性烈，微剂分进，遂于太后升遐之际，能操旦夕绝命之权，天地惨黯，山陵崩坏，风雨号泣，海水怒立，于是我舍身救国之圣主，遂毒弑于逆贼袁世凯之手矣。

《国闻备乘》则认为是奕劻害死了光绪帝，作者这样写道：迨奕劻荐商部郎中力钧入宫，进利剂，遂泄泻不止。次日钧再入视，上怒目视之，不敢言。钧惧，遂托疾不往，谓恐他日加以大逆之名，卖己以谢天下也。

将奕劻列为嫌疑人的说法，实在有些牵强。奕劻是乾隆帝第十七子庆亲王永璘之孙，属于近支宗室，他虽然贪赃受贿，声名狼藉，但与光绪帝没有根本的利害冲突，不存在势如水火的矛盾；梁鼎芬等朝中大臣曾多次弹劾奕劻贪赃受贿，均遭到了光绪帝的斥责，奕劻因此得到了庇护，他是感激光绪帝的。因此，奕劻害死光绪帝之说纯属无稽之谈，不足为信。

对于光绪帝的死因，清政府官方的记载是正常病死的。《德宗景皇帝实录》中有这样记载：

光绪三十四年十月壬申，上不豫。谕内阁：朕钦奉慈禧端佑康颐昭豫庄诚寿恭钦献崇熙皇太后懿旨，醇亲王载沣之子溥仪著在宫内教养，并在上书房读书。

又谕：朕钦奉皇太后懿旨，醇亲王载沣，授为摄政王。

癸酉，上疾增剧。谕内阁：自去年入秋以来，朕躬不豫。当经谕令各省将军督抚保荐良医。旋据直隶、两江、湖广、江苏、浙江各督抚，先后保送陈秉均、曹元恒、吕用宾、周景涛、杜钟骏、施焕、张鹏年等来京诊视，惟所服方药，迄未见效。近复阴阳两亏，标本兼病，胸满胃逆，腰腿酸疼，饮食减少，转动则气壅欬喘，益以麻冷发热等证（症），夜不能寐，精神困惫，实难支持，朕心殊深焦虑。著各省将军督抚遴选精通医学之人，无论有无官职，迅速保送来京，听候传诊。如能奏效，当予以不次之赏。其原保之将军、督抚、并一体加恩，将此通谕知之。（同日）谕军机大臣等，朝令大典，常朝班次，摄政王著在诸王之前，上疾大渐。酉刻，崩于瀛台之涵元殿。

曾经在宫内生活过的美国女画家卡尔也称光绪帝是自然病死的，她在《清宫见闻杂记》中这样写道：

光绪之变政失败，实为光绪帝之当头一击。……光绪帝圣躬素不康强，今经此变故，体力遂锐改，旧病大作。于是反对后党之人，信口雌黄，太后将不利于帝，饮以毒药者，而更欲恩于宗室中选一冲动平庸之子，继登大位。废立之说，哗于天下，即外人亦有信之者。既而阅数年后，其说始寝。夫以太后权力之大，将何事不可为者，鸩死光绪帝，正易事耳。而终未为之，亦可见人言之不足信矣。

那么，难道真的只有官方记载"脉案"和药方才是判断光绪帝死因的唯一证据吗？以理服人，以证据说话，是史学工作者应有的责任和态度。要想验证历史与传闻孰是孰非，耳听为虚，眼见为实，打开光绪帝的棺椁查验尸骨，才是揭开这段历史疑案最具说服力的方法。而历史恰巧真的给了人们揭开光绪帝死因的机会。1980年6月，清西陵打开了崇陵的地宫，发现了光绪帝的尸骨。此时，光绪帝死因的真相貌似可以大白于天下了，然而事实却并非这么简单。

第一章
触摸清西陵

中国历史上的最后一个封建王朝——清朝，先后在关内建了两处建筑规模宏大、装饰豪华的皇家陵墓群，一处是清东陵，另一处是清西陵。在一次偶然的考古发掘中，清西陵引起了世人的关注，也让这座一直神秘莫测的清朝皇家陵园揭开了遮盖已久的面纱……

清西陵的来历

　　清西陵位于河北省易县梁格庄西，是清王朝在关内开辟的第二处皇家陵园。清西陵始建于雍正八年（1730），到1915年崇陵建成，历时一百八十五年，建有皇帝陵四座、皇后陵三座、妃园寝三座、亲王园寝二座、阿哥园寝一座、公主园寝一座。其中葬有四位皇帝、九位皇后、五十七位妃嫔、二位亲王、六位皇子皇孙、二位公主，共八十人。

　　清西陵是一处山川秀丽、景色优美的风水宝地。雄峻的永宁山层峦飞翠，叠嶂腾辉，犹如一道天然的围屏矗立于陵区北面，成为西陵之祖山。陵区西侧是位于太行山东麓、著名的西陵八景

清西陵地势全图（示意图）

之一的云濛山，层峦叠嶂，蜿蜒起伏。东面的金龙峪等山峦盘旋远去。元宝山作为泰陵的朝山端峙陵园之南。元宝山的东西两翼东华盖山和西华盖山，巍峨耸峙，成为陵区南屏障。在大红门两旁又有九龙山和九凤山东西对峙，如天然门阙，其间形成了一个天然的陵口。西面的拒马河奔腾咆哮，波涛汹涌。南面的易水河清波粼粼，潺潺流淌。整个陵园群山拱卫，众水环流。陵园之内，数以万计的苍松古柏形成了一望无垠的翠海，遮天蔽日，松涛阵阵。在红墙、黄瓦、拱桥、石雕镶嵌于万顷绿涛碧海之中，飞金耀日，富丽堂皇，博大恢宏，气象万千。整个陵区就像一幅绚丽多彩的风景画。清西陵称得上是将陵寝建筑的人文美与山川形胜的自然美有机结合的杰出典范。

著名英国科学技术史专家李约瑟曾对中国的皇陵高度评价道："皇陵在中国建筑形制上是一个重大的成就，它整个图案的内容也许就是整个建筑部分与风景艺术相结合的最伟大的例子。""在门楼上可以欣赏到整个山谷的景色。在有机的平面上深思其庄严的景象，其间所有的建筑，都和风景融汇在一起，一种人民的智慧由建筑师和建筑者的技巧很好地表达出来。"以上的称赞绝不是李约瑟先生偏爱中国皇陵的一家之言。有许多西方学者都敏锐地发现：追求山川自然形势的完美，细心探究自然景观美与人文景观美的有机结合，使整体环境景观富于强烈的艺术感染力，形成神圣、永恒、崇高、庄严、肃穆而又充满生气的纪念气氛，正是中国古代陵寝建筑艺术成就的突出特点。

清王朝入关后在关内建造的第一座皇家陵园为清东陵，它位于今河北省遵化市马兰峪以西，始建于康熙二年（1663），完工于光绪三十四年（1908），历时二百四十五年，陵园面积二千五百平方公里，建有皇帝陵五座，皇后陵四座，妃园寝五座，葬有顺治、康熙、乾隆、咸丰、同治五位皇帝，孝庄、慈安、慈禧等十五位皇后，一百三十六位妃嫔，一位皇子，共一百五十七人。陵园外围还建有皇太子、王爷、公主、大臣、保姆等大量陪葬墓。清东陵是我国现存规模最大、葬人最多、布局最规整的古代皇家陵园之一。

清东陵和清西陵都是清王朝入关后所建的大规模陵园，均是

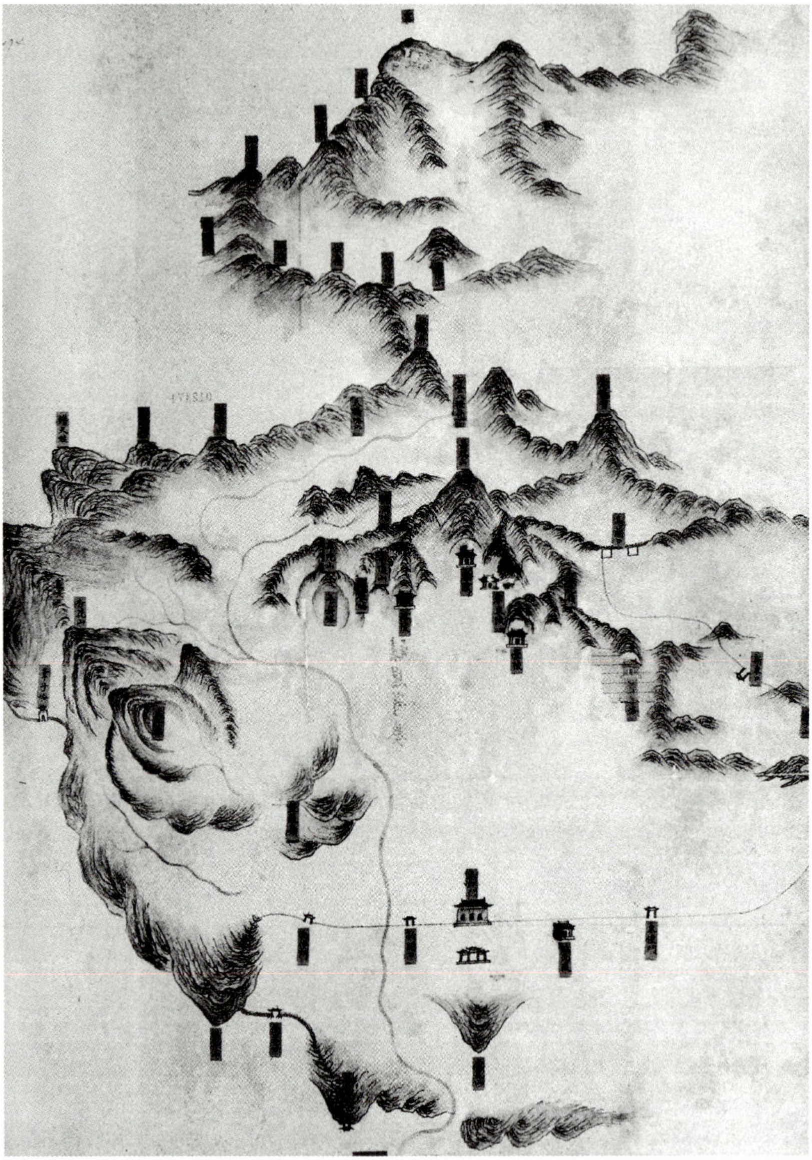

道光初年的东陵图

风水宝地，上吉佳壤，那么人们不禁要问：既然有了清东陵，又何必再建清西陵呢？要讲清这个问题，说来话长，这一切还得从清朝入关首建清东陵的孝陵说起。

明崇祯十七年（1644）初夏，久居关外的满族政权在明朝驻山海关总兵吴三桂的接引下，越过山海关，打败了已经占据北京的李自成农民军，迅速占领了北京城。同年九月，皇太极第九子、不足六岁的福临被迎接进京，入主紫禁城。十月初一日，福临在臣僚的簇拥下登基做了皇帝，正式宣告大清王朝对全国的统治，并改年号为"顺治"。

中国封建社会的历代王朝，都将皇陵建在京畿一带，这样既有利于保护，又便于祭祀。新宾县的赫图阿拉原是后金的第一都城，清太祖努尔哈赤将祖陵建在赫图阿拉附近。后来他的势力逐渐壮大，迁都辽阳，又在辽阳附近的阳鲁山兴建东京陵。不久努尔哈赤迁都沈阳，努尔哈赤的福陵和皇太极的昭陵都建在了沈阳近郊。清朝入主中原，定都北京后，又将皇陵定在了京师附近，即河北遵化昌瑞山下的清东陵。清朝在清东陵建的第一座皇陵是顺治帝的孝陵。孝陵选址在昌瑞山下，有一个这样的故事。

清朝初期，中原大地由于"天花"蔓延泛滥，造成了民间百姓的大量死亡，引起社会的恐慌，同样也威胁着清王朝统治者的生命与政局的稳定。身体孱弱、性格内向且多愁善感的少年天子顺治帝，对天花更是恐惧万分，甚至为了躲避天花而没有接见蒙古王公。顺治八年（1651），北京城再次暴发大范围的天花疫情，顺治帝为了躲避天花，于十月以"行猎"为名悄然离开了北京，到外地巡游。这次他来到了当时直隶遵化县（今河北省遵化市）

顺治帝朝服像

马兰峪一带。他举目四望，但见群山连绵，岗峦起伏，隆起的山脊在蓝天白云的掩映下若隐若现，犹如一条条巨龙奔涌腾跃，呼啸长空。在巨龙盘旋飞舞的中间，一块坦荡如砥的土地，蔚然深秀，生机盎然。此地东西两侧各有一泓碧水，波光粼粼，缓缓流淌，形似一个完美无缺的金瓯。顺治帝不停地望前眺后，环左顾右，发出由衷的赞叹："此山王气葱郁非常，可以为朕寿宫。"于是，他纵马来到一处向阳之地，翻身下马，双手合十，两目微闭，十分虔诚地向苍天高山祷告了一番，随后相度了一块相宜的地势，将右手大拇指上佩戴的白玉扳指轻轻取下，小心翼翼地掷向山坡，然后对身旁敛声屏气的群臣宣布："落处定为佳穴，即可因以起工！"

就这样，顺治帝生前选定了陵址，但未来得及建陵，就龙驭上宾了。他的皇三子玄烨因得过天花，有了免疫力成为继承皇位的重要条件之一，之后顺利登基，改元"康熙"，为顺治帝建了孝陵。深受汉家文化影响的康熙帝，按照"子随父葬"传统，将自己的陵寝建在了孝陵的东边，即景陵。

按照常理，入关后第三帝雍正帝的陵寝也应建在孝陵、景陵一旁。可是后来的事实却并非如此，雍正帝将自己的陵寝建在了远离遵化祖陵六百多里的易县永宁山下，开辟了一处新的皇家陵园。雍正帝不在遵化建陵另辟新的陵区，这与以前因迁都而改变陵区的性质就不同了。新陵寝与孝陵、景陵距离北京都二百多里，远近距离差不多，那为什么雍正帝不追随祖、父将陵寝建在遵化

雍正帝读书像

昌瑞山下呢？

对于雍正帝不在孝陵、景陵附近建陵而另辟陵区的原因，目前主流说法有二。

一是报应说。民间传说雍正帝害死了康熙帝，篡改了皇父的传位遗诏，谋夺了皇位。为了巩固皇位，他又用残忍的手段诛杀了与他争夺皇位和不服他的众兄弟。当上了皇帝的雍正帝，于情于理都觉得不安，害怕自己的万年吉地近依皇父的景陵，除了无脸面对皇父，更主要的是怕皇父报复自己，使自己在九泉下不得安宁，故此要远离祖陵陵区，另辟新的陵区。

二是完美说。据记载，雍正帝是一个十分严厉、非常苛刻又喜欢创新的人，这一性格同样也体现在他给自己选择陵址这件事情上。对选择一个什么样的陵址，他有自己的要求和标准，那就是理想的陵址必须是一处十全十美的"上吉佳壤"。当他发现祖陵区域内已经没有好的风水宝地了，就另选新的风水宝地。

泰陵前景旧影

目前，第二种说法占主流。

雍正八年（1730）八月十九日，雍正帝选择的新陵区在易县永宁山下动工营建，到乾隆元年（1736）全工告竣。

自雍正帝在易县首建泰陵以后，清朝在关内便形成了以北京为中心的遵化昌瑞山、易县永宁山两大陵区。在北京东面的遵化昌瑞山陵区称"东陵"，在北京以西的易县永宁山陵区称"西陵"。

"父子分葬"

由于雍正帝立志创新又建了一处大清王朝的陵园，改变了以往固定的"子随父葬，祖辈衍继"的帝王葬地旧制，那么雍正帝以后的清朝皇帝应该怎么选择自己的万年吉地呢？

对于这个问题，着实令雍正帝的继承者乾隆帝颇费脑筋：假如他追随父亲，将自己的陵址选在西陵的话，那么势必使日后的继承者效法自己，也将陵址选择在西陵。这样下去，东陵必然日远日疏，冷落了东陵的香火，给人以冷清孤独之感。思前想后，为了兼顾东西陵的香火延绵不断，经过深思熟虑之后，乾隆帝做出了一项关于嗣皇帝选址建陵的规定——"父子分葬"的方法，这项规定被后人称为"昭穆①相建"。什么是"昭穆相建"呢？嘉庆元年（1796）十二月二十二日，乾隆帝在一道谕旨中做了详

---

① "昭穆"为古代宗法制度，宗庙或宗庙中神主的排列次序，始祖居中，以下父子(祖、父)递为昭穆，左为昭，右为穆。《周礼·春官·小宗伯》："辨庙祧之昭穆。"郑玄注："父曰'昭'，子曰'穆'。"昭穆次序是指墓地葬位的左右次序，也是坟地葬位的左右次序。《周礼·春官·冢人》："先王之葬居中，以昭穆为左右。"另外，祭祀时，子孙也按此种规定排列行礼。

细说明：

> 向例，皇帝登基后即应选择万年吉地。乾隆元年，朕绍登大宝，本欲于泰陵附近地方相建万年吉地，因思皇考陵寝在西，朕万年吉地设又近依皇考，万万年后，我子孙亦思近依祖父，俱选吉京西，则与东路孝陵、景陵日远日疏，不足以展孝思而申爱慕。是以朕万年吉地即建在东陵界内之圣水峪，若嗣皇帝及孙曾辈，因朕吉地在东择建，则又与泰陵疏隔，亦非似续相继之义。嗣皇帝万年吉地自应于西陵界内卜择，著各该衙门即遵照此旨，在泰陵附近地方敬谨选建。至朕孙继承统绪时，其吉地又当建在东陵界内。我朝景运庞鸿，庆延瓜瓞，承承继继，各依昭穆次序，迭分东西，一脉相连，不致递推递远。且遵化、易州两处，山川深邃，灵秀所钟，其中吉地甚多，亦可不必于他处另为选择，有妨小民田产，实为万世良法。我子孙惟当恪遵朕旨，溯源笃本，衍庆延禧，亿万斯年，相承勿替，此则我大清无疆之福也。

乾隆帝的这道谕旨除了阐明他不葬在西陵的原因之外，更重要的是规定：如果父亲葬在东陵，那么儿子就应葬在西陵；父亲葬在西陵，则儿子就要葬在东陵，依此类推，不可违旨。也就是说，现在乾隆帝葬在了东陵，那么他的儿子嘉庆帝就要葬在西陵。相承勿改，是大清无疆之福。

乾隆帝为了把这一规定落到实处，先是亲自为他的儿子嘉庆帝在西陵界内选定了陵址，后又唯恐这一良苦用心被子孙违背，

乾隆帝像

不按他的规定办事或者像他的父亲雍正帝那样另辟陵寝搞出一个什么"南陵、北陵"来，于是在嘉庆二年（1797）三月十五日再次降旨强调这种规定的必要性和重要性：

> 前经降旨，以嗣后万年吉地当各依昭穆次序，在东西陵界内分建，不必另卜他处。但堪舆术士每多立异邀功之习，所言最不可信。即如朕选择万年吉地时，定于东陵界内之圣水峪，而进爱又欲改卜，经朕查出，即将进爱治罪示惩。万世子孙皆当以此为法，庶不为形家之言所惑。且遵化、易州两处山川灵秀宽广，其中吉地甚多，我子孙务须恪遵前训，

永垂法守，断不必另择他处，有妨民业。

后来的历史证明，乾隆帝的这种担忧不无道理，他的这个规定虽然作为祖训被保留下来，但执行得并不是很顺利。首先打乱"昭穆相建"规定的就是一向标榜勤俭的乾隆帝的孙子道光帝。本来，道光帝的父亲嘉庆帝葬在了西陵——昌陵，按照这个规定，道光帝就应葬在东陵。然而在即位之初，道光帝曾想将自己的陵建在北京西南的王佐村，这就等于要另建大清国新的陵园"南陵"。后来由于众大臣极力反对，道光帝才将陵寝改为建在东陵宝华峪。不过，道光帝最终还是以陵寝地宫渗水为借口，将已经在东陵修建好的陵寝拆毁，改在西陵建了自己的皇陵——慕陵。

道光帝最终如愿以偿地安葬在西陵，由于他的自私和一意孤行，打乱了乾隆帝留下的昭穆制度。因此他的儿子咸丰帝在选择陵址时是同时在东陵和西陵等处相度的，虽然最终咸丰帝的定陵又建在了东陵，从而形成了以道光帝和咸丰帝为新的"昭穆相建"，然而没过多久，这种刚刚重新建立的"父子分葬"制度再次被慈禧打破。慈禧将自己的儿子同治帝也葬在了东陵。光绪帝将陵址选在了西陵，从而又回归到了乾隆帝制定的"昭穆相建"的轨道上来。

纵观历史，乾隆帝制定的清陵"昭穆相建"选择陵址制度，虽然没有被子孙严格执行，但其平衡东西陵关系的基本原则还是得到了贯彻执行。不管怎么说，并没有出现接连三个皇帝同葬在一个陵区的现象，因此可以说乾隆帝的意愿还是基本达成了。

第二章
皇宫深处的争斗

皇宫是封建社会全国的政治中心，住在皇宫里的皇帝的每一个细微的思想和行为变化都有可能影响整个王朝帝国的兴衰荣辱。事实表明，皇宫中的帝王与后妃、太监及宫女等人，由于在历史的舞台上各自扮演着不寻常的角色，因此也就上演了很多鲜为人知、钩心斗角，甚至刀光剑影的故事。

抱进皇宫的小孩

光绪帝，爱新觉罗氏，名载湉，庙号德宗，是清朝入关后的第九帝，父亲是醇亲王奕譞，母亲为叶赫那拉氏（慈禧的亲妹妹）。他出生于同治十年（1871）六月二十八日，卒于光绪三十四年（1908）十月二十一日酉时，终年三十八岁，在位三十四年。他是清朝第一位以非皇子身份承继帝位的皇帝。

在历史上，光绪帝虽然有幸做了皇帝，但也因此踏上了悲剧性的人生历程，这一切都与他的大姨也就是后来的继母慈禧有关。

同治十三年十二月初五日（1875年1月12日），年仅十九

光绪帝朝服像

岁的同治帝驾崩于养心殿东暖阁。由于同治帝无嗣,按照清朝"家法",皇帝驾崩无子,应从晚一辈中择一贤者为皇帝的嗣子,以皇太子的身份继承帝位。假如这样安排,慈禧则在辈分上升为太皇太后,同治帝的皇后阿鲁特氏则是皇太后了,大清国的政治权力将转移到阿鲁特氏的手里,那样慈禧名位虽高,却丧失了政治权力,这对于嗜权如命的慈禧来说,是万万不能同意的。所以,她决定将自己亲妹妹的儿子过继给咸丰帝,继承皇位,自己则仍为皇太后,这样自己也就可以继续牢牢把握朝政大权。于是,同治帝刚死,慈禧就降下了一道令人意想不到的懿旨,宣布醇亲王奕譞之子载湉著承继文宗显皇帝为子,入承大统,为嗣皇帝。就是说,光绪帝是咸丰帝的过继儿子,与同治帝是兄弟关系,而这种特殊的平辈关系就为慈禧第二次掌管朝政提供了政治前提。但也因慈禧的独断专权造就了载湉的个人命运悲剧。

纵观光绪帝三十八年的人生历程,可以分为四个阶段:从出生到四岁的婴儿时期;从四岁到十七岁的童年时期;从十七岁到二十八岁的亲政时期;从二十八岁到三十八岁的囚禁时期。由于特殊的政治身份,光绪帝从进入皇宫的第一天起,就已经开始了非同一般的政治生活。

光绪帝的政治生涯可以分为三个阶段:第一阶段是皇太后垂帘听政,光绪帝是一个十足的傀儡皇帝;第二阶段是皇帝亲政,太后训政,这时的光绪帝仍然是一个政治玩偶;第三阶段是皇太后由垂帘听政变成直接执政,光绪帝成为一个"囚徒"皇帝。年仅二十八岁的光绪帝被囚禁后,大部分时间是在西苑(今中南海)瀛台涵元殿和颐和园玉澜堂度过的。作为一代帝王,光绪帝可以说是一位很悲惨的政治人物，因为他从一开始就注定是慈禧手中的一张政治王牌。手中没有实权的皇帝，其境遇与结局可以想象是多么地艰难悲惨。

同治十年（1871）六月二十八日，醇亲王奕𫍽府里添了一件大喜事，福晋叶赫那拉氏生了第二个儿子。在这之前，福晋叶赫那拉氏虽然也生了一个儿子载瀚，但没想到这个孩子仅活了两岁就死了，因此第二个儿子的降生，对有显赫身份和地位的醇亲王来说，真是一件天大的喜事。在古代，儿子的出世与女儿的降生，其境况是不相同的，在那“不孝有三，无后为大”的封建时代，养儿与生女在生活中的待遇完全不一样。因为只有儿子才能传宗接代，只有儿子才能继承家财父业，才能科举取士，光宗耀祖。

奕𫍽与叶赫那拉氏夫妻

而女儿只能是长大嫁入别家，成为男人的附属，因此亲王家中添丁是喜上加喜。当这个喜讯传入皇宫，慈禧不仅为醇亲王高兴，更为她的妹妹高兴，她深知生男孩子将会给一个女人带来什么样的地位。高兴之余，慈禧并没有忘记亲自给孩子赐一个名字——载湉。因为与同治帝是同辈人，所以名字中第一个字是"载"，而"湉"呢，则是安乐愉快的意思。从此，醇亲王的儿子载湉便安乐愉快地生活在自己亲生父母跟前，直到同治帝的突然死去，载湉的一生命运被改变了。

慈禧的性格是凡是她想办的事，非办不可，而其结果也是一定能够办到。在慈禧授意之下，由翁同龢等草拟懿旨，按部就班策划嗣皇帝入宫礼节，派御前大臣及孚郡王等以暖舆前往醇王府恭迎。翌日凌晨寅时，嗣皇帝的銮舆从大清门进入紫禁城，从正路入乾清门至养心殿，谒见两宫皇太后。

自朝中颁发立嗣皇帝诏书，迎立大典便开始准备了。慈禧先让钦天监选定吉日，再确定迎立日期。钦天监的官员们接到懿旨后急忙按程序推算，他们推算的结果是：新君必须午夜进宫。

奕譞与爱子载湉摄于太平湖醇王府

同治十三年（1874）十二月初六日时近午夜，醇王府热闹非凡。但醇亲王夫妇却是高兴不起来，他们强作欢笑的脸上挂着泪珠，奴仆们忙着送驾，随身乳母忙着唤醒尚在沉睡的载湉。钦天监推算的迎立吉日把年仅四岁的载湉折腾得不轻，被唤醒的载湉满脸不高兴，不时地用愤怒的眼神瞪着这些不经他的同意就把他拽起来、不管三七二十一就给他穿衣服的人。但是，他没有喊叫，更没有哭泣。当醇王府一切准备就绪之际，宫中迎驾的大队也已经来到了王府门前，他们是来迎接载湉进皇宫当皇帝的。从感情上来说，无论对载湉还是他的父母，这些都是难以忍受的。慈禧不顾人世间的常理、骨肉之情，强行切断载湉与他亲生父母的血缘亲情，载湉从此失去了人间最珍贵的父母之爱，他的父亲母亲也从此失去了自己最心爱的儿子。中国人的习俗，民间的子女一经过继礼仪，便是别人家的孩子了，就永远属于他的继父母，亲生父母不能再过问子女的事情。何况是皇家呢？所以说虽然是自己的儿子做了皇帝，但一切必须按照君臣之礼行事。同治十三年（1874）十二月初九日，两宫皇太后定嗣皇帝年号为"光绪"，以明年为光绪元年。光绪元年（1875）正月二十日，载湉在太和殿举行登基大典，是为光绪帝。

慈禧第二次垂帘听政，可能是接受了对儿子同治帝教育的失败，以致母子反目成仇的教训，所以这次她改变了以往对同治帝一贯严厉的做法，对光绪帝采取温严结合的教育方式。在生活上，她不仅格外关注光绪帝的饮食习惯，还很注意对光绪帝思想行为的灌输培养。当载湉进入皇宫后，她就要求他称呼自己为"亲爸爸"。按理说继子应该称新的母亲为"嗣母"，按照清皇室的习

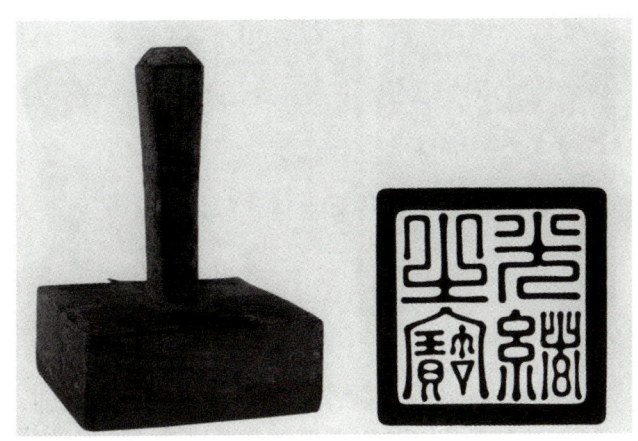
光绪之宝

惯称为"额娘",但慈禧这次却改变了这一旧规。为什么慈禧要光绪帝称呼她"亲爸爸"呢?并且强调一个"亲"字呢?难道这是满族的风俗习惯?

叶赫那拉·根正在与人合著的《我所知道的慈禧太后》中称"亲爸爸"是满语"母亲"的意思。据清史专家冯其利先生在《北京档案史料》上发表的《那根正先世考查》记载,叶赫那拉·根正并非慈禧的后人,即根正所言不可信。

那么,"亲爸爸"这称呼到底是怎么回事呢?

笔者就此称呼曾请教过清东陵的一些满族老人,他们表示从来没有称自己母亲为"爸爸"的,都称生母为"奶",称奶奶为"太"。据说有些中国台湾学者认为,满族人对于父亲的姐姐以及祖父的长女可以叫"baba"(爸爸)。这种说法无从考证,不以为信。

同治帝是慈禧的亲生子,却不让他称"爸爸",更没让他称"亲爸爸",反而让他侄子兼外甥的光绪帝称"亲爸爸",这是为什么呢？按慈禧的说法，这是她对光绪帝的"爱怜"，她曾这样说过：皇帝"本我亲侄，以外家言，又我妹妹之子，我岂有不爱怜者？"其实这只不过是慈禧的骗人之辞。实际上这是中国封建社会重男轻女思想的一种反映，是慈禧显示自己权威至尊至贵至高的一种手段。

中国封建社会一直传承轻视女子的思想，女子只能作为男子的附庸。在中国传统的宗法制和家长制的影响下，人们对男子的权力是尊崇的，天下人最尊崇的男人是皇帝，皇帝的话是金口玉言。慈禧处于更高的尊贵地位，便喜欢皇帝以男子的称呼来叫她。为了掩饰非亲之嫌，慈禧让光绪帝在"爸爸"之称前特加一个"亲"字，用"亲爸爸"向天下臣民暗示她的权力、权威至尊无上，以表明她是大清国天经地义的最高统治者。

在宫廷里居住过两年的德龄在《清宫禁二年记》中写道："盖以太后极愿为男，故命人亦以男呼之。"她曾亲耳听到光绪帝每次向太后请安时都要说："亲爸爸吉祥！"

光绪帝每天在皇宫中除了学习必要的祖宗规矩、礼法之外，就是学习帝王为君的"典学"。自光绪二年（1876）四月二十一日起，光绪帝开始了孩童阶段的学习，直到他十七岁亲政的十年间，所学习的课程大致有以下三个方面：

一是汉文：《钦定四书》为主要教材，此外还有《诗经》《孝经》《左传》《列圣遗训》等儒家经典及清朝历史《开国方略》。

二是满文、蒙古文：《满洲实录》、清世祖御制《劝善要言》以及蒙古语言文字。

三是骑射技勇：慈禧对光绪帝"典学"的安排，是出于继承大清基业为基本出发点的，是为今后统治而进行的必要的精神塑造，但也是光绪帝人生成长历程中应有的教育课程。

光绪帝大婚

在慈禧的"精心护理"下，在皇宫中生活了十三年的光绪帝已经十七岁了，他终于长大成人了。按照中国社会习俗，男子十六岁进入成人阶段，已经具备了娶妻的条件，应该成家立业了。何况光绪帝是万乘之尊的天子，为亿万百姓的表率，此时的慈禧再也不能"抱子坐龙廷"了，慈禧需要面对的是光绪帝亲政娶妻这等大事。她似乎感觉到，时间每向前推进一刻，让皇太后归政的舆论也就强烈一分，同时慈禧心理上所承受的压力也就与日俱增。作为权宜之计，慈禧搞了一个"训政数年"的过渡期，延缓一下交权归政时间，以让自己有更充裕的时间思考策略和方针。于是在光绪十三年

光绪帝读书像

（1887）正月十五日，十七岁的光绪帝在慈禧的安排下举行了"亲政"典礼，而这次所谓"亲政"的条件是在慈禧"训政"的前提下，慈禧仍然是大清国的最高统治者。但这并未解决"太后归政"所带来的问题，这一严酷现实依然一步步地向慈禧的统治逼近着，她真的有些接受不了这样的现实，虽然当时的慈禧已经是五十多岁的人了，可是身体依然康健，精力充沛，处政理朝仍然决断如常，但她又不得不面对这一问题。面临即将退出历史舞台的压力，慈禧终于想出来一个不是办法的办法，也就是如何"保权"策略，即先安排光绪帝大婚，选自己放心的女人安插在皇帝身边充当自己的耳目，然后再将政权交出，当然，交权也是有条件限制的。按照这个以退为守的思路，慈禧决定先发制人，主动提出光绪帝大婚及归政时间表，以此卓显自己的开明和大度。

光绪十四年（1888）五月初八日，慈禧定明年正月为光绪帝举行大婚礼。

光绪十四年（1888）六月二十二日，慈禧定明年二月初三日归政。

这些都是慈禧实施自己计划的必不可少的前奏程序，她的这些决定比原定再"训政数年"的期限大为提前，当然这是她又一高明的招数。她深信，两年前颁布的《训政细则》，已经形成宫内一切事宜须先向皇太后请懿旨，再向皇帝奏闻的惯例。因此她认为，光绪帝"亲裁大政"以后，必然仍会按照这个惯例办事，而不敢擅自独断。更主要的是，慈禧可以在光绪帝的婚姻问题上大做文章。

结婚是人生旅途中一个重要的里程碑，"成家立业"这个词语就足以说明要想成就事业，先结婚成家，因此自古以来人们都把结婚当成终身大事，而皇帝的大婚与亲政往往是紧密相连的。光绪帝心里很清楚，大婚便意味着自己已经成年，皇太后就应该归政了，不能再干预朝政，自己也就可以独掌朝纲了。因此，光绪帝把大婚看作是摆脱慈禧控制的一个难得机会，以实现他的夙愿。光绪帝十多年来生活在慈禧的身边，对慈禧的脾气、性格已有了较深入的认识，他心里也清楚，慈禧这次宣布次年让自己成婚和亲政的决定，在很大程度上是为了应付宗室和朝廷上下的舆论压力。

当时，光绪帝大婚可以说是一件震动全国的大事。许多朝廷大臣也希望通过皇帝大婚使慈禧早日归政，让光绪帝当上名副其实的大清皇帝。对于这些，慈禧自己更是明白得很，但是视权如命的她是不甘寂寞的，对朝政大权是不会轻易放手的。富于心计和谙于权术的慈禧早已成竹在胸，她早已做好了皇后人选的安排：作为大清国的皇太后，当今皇帝的"亲爸爸"，她完全有资格，也有权力决定立什么样的皇后，甚至决定立谁为皇后。这样就可以继续将光绪帝控制于掌股之中，而自己也就可以在幕后发号施令，继续掌握大清国的命运了。

对于光绪帝大婚的安排，慈禧早在十年前就已经开始考虑了，皇后的最佳人选早在她心里定了下来，那就是她娘家的亲侄女。光绪帝的生母是慈禧的亲妹妹，而娘家侄女则是慈禧的亲弟弟桂祥的大女儿。按照正常程序，皇后的人选需要遵循选秀女制度。按照满族婚配传统，八旗子弟的婚姻必须经由八旗管理部门的审批，清朝后宫，上至皇后，下到宫女，都是从八旗女子中挑选出来的。

慈禧像

《大清会典》记载，"选秀女，顺治年间定"。顺治帝为什么要制定这个办法呢？原来，这与他没有称心如意的皇后有关，选秀女就是皇帝亲自挑选如意的嫔妃。

光绪十五年（1889），慈禧的娘家侄女二十二岁，光绪十九岁，比光绪帝大三岁，在辈分上是光绪帝的表姐。俗话说得好，"女大三，抱金砖"，但是，按照当时清宫选秀女的制度，待选者当在十四至十六岁之间。这么说来，慈禧的娘家侄女早已超出限定的岁数，但之所以二十二岁还能入选秀女，正是因为有慈禧在幕后操作。走祖制"选秀女"这一过场，只不过是按照法定程序由慈禧有意安排的一场"选秀"，是给别人看的一场戏而已。

经过初选、复选等多次选秀女程序，光绪十四年（1888）九月二十四日，选后仪式在紫禁城的体和殿开始了。

经过多次筛选剩下的五名秀女依次排列：一个是慈禧的兄弟桂祥之女叶赫那拉氏，另外是江西巡抚德馨的两个女儿和礼部左侍郎长叙的两个女儿。

光绪帝站立一旁，面前摆着一张小桌，上面放着一柄镶玉的如意和两对绣花的荷包。荷包一律是红缎缝制，绣交颈鸳鸯，异常鲜艳。候选的秀女如果被授以如意，便成为统摄后宫的皇后；如被授以荷包，则被封为妃嫔。

慈禧面色严肃。光绪帝清楚地知道，皇太后既然让她的内侄女参选，并且一直进入了最后的"决赛"，用意就是让其当选为皇后，以便在自己身边安插一个最可靠的亲信，如果选了皇太后的侄女，那自己一生的幸福也就可能毁在她手里了。

孝定景皇后像

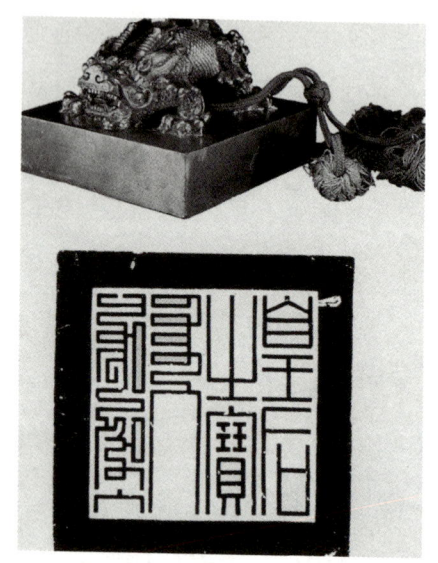
皇后之宝

光绪帝跪着接过慈禧递过来的如意，缓缓地起身向五名秀女走去。在慈禧和参加选后仪式的荣寿公主、荣禄夫人等人看来，这柄如意现在要交给谁，实在是很明白的事，因此大家并不觉得紧张，紧张的倒是光绪帝。最终在慈禧的暗示下，光绪帝将如意交给了桂祥之女，将荷包递给了长叙的两个女儿。

光绪十四年（1888）十月初五日，慈禧颁布了两道懿旨。其中，第一道懿旨公布了为光绪帝立后的理由和所立皇后的人选：

> 皇帝寅绍丕基，春秋日富，允宜择贤作配，佐理宫闱，以协坤仪而辅君德。兹选得副都统桂祥之女叶赫那拉氏，端庄贤淑，著立之为皇后。

第二道懿旨诏封了长叙的两个女儿：

原任侍郎长叙之十五岁女他他喇氏，著封为瑾嫔；原任侍郎长叙之十三岁女他他喇氏，著封为珍嫔。

光绪十五年（1889）正月二十五日，遣礼部尚书李鸿藻为正使、总管内务府大臣续昌为副使，持节诣皇后邸行大征礼。正月

光绪大婚　喜轿出外金水桥

光绪大婚　迎接皇后的车马喜轿在隆宗门外

坤宁宫皇帝大婚洞房

二十六日，遣大学士额勒和布为正使、礼部尚书奎润为副使，持节奉册宝诣皇后邸，册立叶赫那拉氏为皇后。行册立礼的同日，遣额勒和布和奎润为正、副使，持节诣皇后邸行奉迎礼。正月二十七日凌晨，皇后于邸第升凤舆，由大清门进入皇宫，进坤宁宫洞房，与光绪帝行合卺礼。

光绪十五年（1889）正月二十五日，他他喇氏姐妹进入皇宫的永和宫和景仁宫。二月二十八日巳时，慈禧为长叙的两个女儿举行了册封礼。其中，十五岁的姐姐册为瑾嫔，十三岁的妹妹册为珍嫔。

自此，光绪帝有了三个女人。这三个女人在当时来说应该是八旗秀女中的幸运者,但后来的事实却证明,这三个女人恰恰都是悲剧者,而大婚之日正是她们悲剧人生的开始。

光绪帝的表姐虽然是皇后,但实在相貌平常,甚至有些驼背,而其内在的品德更无可夸之处,实际上她除了会打小报告、争风吃醋,一点机智谋略也没有。这位皇后仅仅是充当了慈禧的耳目,光绪帝与她没有一点感情,在夫妻生活上她实际是守活寡,为此葬送了自己本应美好的一生。

瑾妃中年像

被册封为嫔的他他喇氏姐妹,在慈禧六十岁大寿之际被晋封为妃,也就是历史上的瑾妃和珍妃。其中,珍妃性格开朗活泼,受到光绪帝的宠爱,与光绪帝迸发出爱情火花。她性格刚强叛逆,除了在精神上支持和鼓励光绪帝外,还策划帮助光绪帝谋求政治上的改革,因此为慈禧和皇后所忌恨。之后,慈禧和皇后抓住了她生活细节上的逾制、政治上的卖官等

珍妃像

行为后，珍妃遭受到了多次人身迫害和政治上的打击。瑾妃为人老实厚道，虽少言寡语，但受妹妹的牵连，也多次遭到政治迫害和打击，常年落寞独居。

光绪帝的这三个女人，虽然最终的结局不同，但总的来说都是悲惨的，原因就是嫁给了光绪帝。光绪帝虽然是皇帝，但身边有个慈禧，他生活在这样一个女人的影子里，其命运可想而知，这注定了他的悲剧人生。

但是，皇帝就要做皇帝要做的事情，光绪帝就是这么想的，也是这么做的。

可叹"囚徒天子"

光绪帝在大婚后已经完完全全是一个成熟的男人了，虽然只有十九岁，但也到了收回朝政大权的时候，也就是说，慈禧应该归政于光绪帝了。不甘心就此失去政权的慈禧，在光绪帝大婚之前指使她的心腹炮制出一个所谓《归政条目》，作为光绪帝"亲裁大政"后永久奉行不替的法规，以此来辖制光绪帝。

光绪十四年（1888）十二月初一日，礼亲王世铎抛出了太后归政后的《归政条目》：

> 明年二月恭逢归政大典，除业经归复旧制各事毋庸另议外，现在应办之事，有应归复旧制者，有仍应暂为变通者。臣等悉心商酌，并与醇亲王面商，意见相同，谨议条目，恭候钦定：（一）临雍经筵典礼，御门办事，仍恭候特旨举行；

(二)中外臣工奏折,应恭书皇上圣鉴,至呈递请安折,仍应于皇太后、皇上前各递一份;(三)各衙门引见人员,皇上阅看后,拟请仍照现章,于召见臣等时请懿旨遵行……以上各条,恭候皇太后、皇上圣鉴训示。

该《归政条目》明确规定了慈禧的权力,其中的关键有两条:一是中外臣工的奏折,仍应一式两份,即太后与皇帝各一,这样皇太后仍可在奏折上批示懿旨,决断一切;二是各衙门引见人员,仍照现章,请懿旨遵行。这也就是说,朝廷的用人大权仍掌握在慈禧手中。这两条概括起来便是"用人行政",这是清廷权力之根本。

慈禧对《归政条目》非常满意,批示道"如所议行"。光绪帝名为"亲裁大政",实际上在清廷统治权力中仍处于陪衬地位,不能完全摆脱"挂名皇帝"的处境。慈禧之所以如此慷慨大度,在"训政"仅一年半的时间,就让光绪帝"亲裁大政",根本原因就在这里。经过大婚与归政,慈禧在光绪帝身上加了两道枷锁,内廷有皇后为耳目,外廷有《归政条目》限制,这为光绪帝日后掌管朝政设置了最大的管理障碍,这样慈禧便可以在颐和园里放心地"养性怡情"了。

光绪十五年(1889)二月初三日,慈禧正式宣布"即日归政",并驻跸颐和园。从此,慈禧由台前转向幕后,而光绪帝则成为一个站在政治舞台上的政治玩偶。但不管怎么说,光绪帝在实际上也有了一些权力,在朝廷中逐步形成了一个以自己为中心的帝党集团,并与慈禧集团展开了艰难的明争暗斗。

在后宫中，光绪帝虽然冷落了皇后——慈禧的侄女，但与珍妃之间的感情却日益深厚。他喜欢与珍妃单独相处，还因怕珍妃寂寞，下朝后便匆匆赶到珍妃所居住的景仁宫中。对于光绪帝与珍妃的真挚爱情，德龄在《瀛台泣血记》中这样描述：但他为了他心爱的女人，他是决计不惜领受人家背后的议论的。或者也可以说，在处理朝政和对付其他一切人的时候，他心里是很清楚的，知道自己是一个万乘之尊的皇帝，可是一想到珍妃的时候，天所赋予人类的好色的天性，已侵入了他浑身的神经系统，把那些自尊心、虚荣心等全赶走了，他几乎忘记他所处的地位和四周的环境了。

独守空房的皇后，作为安插在光绪帝身边的暗探，她无时无刻不像幽灵一样监视着光绪帝，自然也看到了光绪帝与珍妃卿卿我我的恩爱场景。醋意和恨意同时迸发，皇后因此把珍妃在宫中"不守规矩"的行为及卖官、接受贿赂、支持光绪帝变法等都及时地报告给了慈禧。当然，在她看来，她所做的一切丝毫没有超出她的职权范围。但她所做的这一切，其后果却对光绪帝和珍妃造成了极大的打击。获得这些信息后，看到光绪帝不仅想在政治上试图摆脱自己，还冷落了自己亲选的皇后，跟自己侄女之外的女人相处得如此火热，本来真想安心静养一下子的慈禧，便想借打击珍妃之机来警诫光绪帝。

由于光绪二十年（1894）十月初十日是慈禧的六十大寿，因此在这年的正月初一日，慈禧对先朝各帝的遗孀和光绪帝的妃嫔进行了一次加恩晋封，其中也包括珍妃姐妹，二人从嫔晋封为妃。但是，姐妹二人的册封礼还未举行，十月二十九日慈禧突然降下一道懿旨，将瑾妃、珍妃降为贵人。据太医院记载，降级之前的二十八日这天，珍妃还遭到了"褫衣廷杖"这样的严厉处罚，即被脱去衣服，用棍子在大庭广众面前接受责打。作为主子，在宫女面前脱衣挨打，这不仅是皮肉之苦，更是尊严的丧失。但这还不算完，两天之后的十一月初一日，慈禧再次降下两道懿旨，一是强调了皇后的地位和权力，二是告诫她们姐妹，衣、行、服、饰等不准违例。

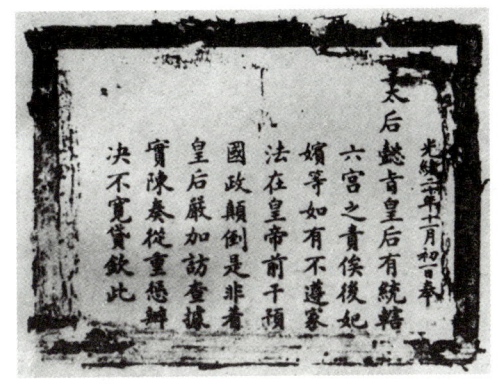
光绪二十年十一月初一日，慈禧强调"皇后有统辖六宫之责"的禁牌

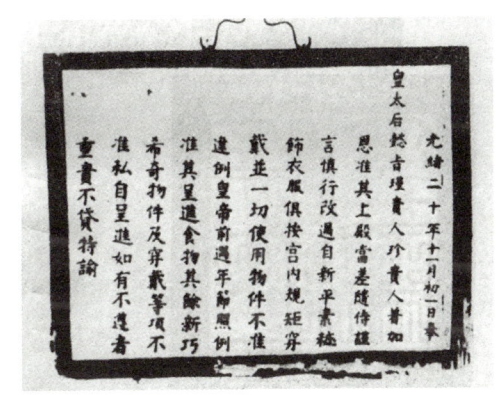
光绪二十年十一月初一日，慈禧要求已是贵人的瑾妃、珍妃"改过自新"的禁牌

慈禧对珍妃的惩罚还有连带关系，她的姐姐瑾妃是受到牵连吃了挂落，但这些无疑是给光绪帝上了一堂生动的政治课，暗示光绪帝今后应该小心做事。对于爱妃受到如此严厉的处罚，光绪帝疼在心里，却不敢有任何不满。此时他需要面对的，还是国家大事：大清国千疮百孔，内忧外患。

光绪二十年（1894）春，日本蓄谋已久，借清政府出兵支援朝鲜镇压东学党农民起义之机，以"保护"使馆和侨民的名义进兵朝鲜。六月二十三日，日军对中国军队不宣而战，并在牙山口外的丰岛海面上击沉了装载着中国军队的一艘英国商轮，由此揭开了中日甲午战争的序幕。光绪二十年（1894）七月初一日，清政府对日本宣战，中日战争全面拉开。由于日本蓄谋已久，而清朝仓皇迎战，大清国苦心经营的北洋水师全军覆没，日军攻占威海卫，清朝被迫与日方签订了丧权辱国的《马关条约》。

怀着雄心壮志，决心励精图治、重振朝纲的光绪帝对于甲午战败、签订条约，感到了莫大耻辱，悲愤至极。他清楚地认识到国势的艰难，因此，当他第一次看到康有为的变法奏书后，引起了强烈的思想共鸣，显得异常兴奋，遂有了变法求新、以图自强的决心。这无形中标志着光绪帝与慈禧关系的破裂，整个朝廷中的维新派和保守派之间充满了无法调和的矛盾和危机。

光绪二十四年（1898）四月二十三日，光绪帝以大清皇帝的名义，毅然颁布了《明定国是》诏

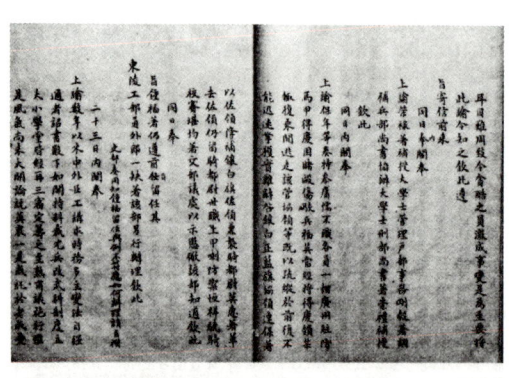
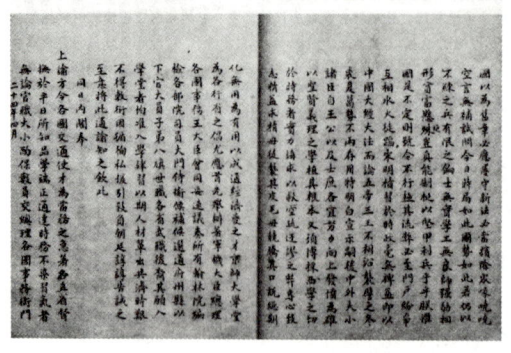

光绪帝戊戌变法颁布的《明定国是》诏

(《定国是诏》），正式宣布变法维新，起用维新志士，随即又陆续颁布了一百多道变法令。许多忧国忧民的仁人志士以无比兴奋的心情以及对未来的美好憧憬，立即投入到了这场变法维新当中去。遗憾的是，历史没有让人看到这场变革的成果，而是留下了一个极为悲惨的结局。就在光绪帝颁诏变法一百零三天之后的八月初六日，慈禧接到荣禄密报光绪帝要谋逆，恼怒的慈禧在中南海瀛台召见了光绪帝，大骂其忘恩负义，恩将仇报，并将光绪帝软禁于此。为了将光绪帝控制在自己的掌控中，光绪帝的关押地点随着慈禧居住地而改变，慈禧在中南海仪鸾殿时，光绪帝囚禁在中南海瀛台；慈禧在颐和园时，光绪帝就被囚禁在颐和园玉澜堂。八月初八日，慈禧再次训政。八月十三日，维新党人谭嗣同、康广仁、刘光第、林旭、杨锐、杨深秀血染北京菜市口，史称"戊戌六君子"。其他维新党和支持变法维新的人士，逃的逃，死的死，戊戌变法彻底失败了。慈禧借机开始了第三次垂帘听政。但是她对光绪帝总是耿耿于怀，处心积虑地想找理由废掉光绪帝。为此，她借光绪帝有病之机，散布皇帝病重的消息，要求各省推荐名医治病。这是在为废掉光绪帝做舆论上的准备。慈禧的举动，不但遭到朝野上下的强烈反对，外国人对此事也表示了极大的关注，他们通过清朝的外交部——总理衙门一再进行交涉，强烈要求洋医生为光绪帝诊病。最后洋医生的诊断结果证明光绪帝并无大病。借病废黜光绪帝的目的已不能达到，于是慈禧又挖空心思地考虑废黜光绪帝的其他主意。

时任清廷军机大臣的荣禄是慈禧的心腹大臣，他看出了慈禧的心事，但他深知慈禧是被一时的气愤冲昏了头脑，这样做不仅国内的封疆大吏会反对，就连外国人也会出面干涉的。为此，荣禄请求慈禧单独召见。

据恽毓鼎《崇陵传信录》记载：

荣禄问："传闻将有废立事，信乎？"

慈禧答："无有也，事果可行乎？"

荣禄说："太后行之，谁敢谓其不可者？顾上罪不明，外国公使将起而干涉，此不可不慎也。"

慈禧说："事且露，奈何？"

荣禄则说："无妨也。上春秋已盛，无皇子。不如择宗室近支子，建为大阿哥，为上嗣，兼祧穆宗，育之宫中，徐篡大统，则此举为有名矣。"

慈禧沉吟良久，答曰："汝言是也。"

荣禄的意思是说，如果直接废掉光绪帝，反对的人一定很多。不如以替光绪帝立嗣为名，立一个大阿哥。再找一个合适恰当的理由让大阿哥继位，顶替光绪帝。

荣禄像

大阿哥溥儁像

"阿哥",在清朝宫廷中一般是指皇子。"大阿哥"是指皇长子,即有继皇位权的皇子,光绪帝没有子女,谁能当上大阿哥,就意味着谁是合法的皇位继承人。慈禧经过认真仔细考虑,最后选中端郡王载漪之子溥儁为大阿哥。端郡王载漪是道光帝的第五子惇亲王奕誴的儿子。咸丰十年(1860),载漪过继给道光帝的三弟瑞亲王绵忻之子奕志为后,初袭爵贝勒,光绪十五年(1889)加郡王衔,光绪二十年(1894)晋封郡王。因述旨时误将"瑞"字写成"端",于是便将错就错,称为"端郡王"了。载漪无才少能,慈禧很厌恶他,仅以皇室嫡系的身份承继显爵。载漪可以时常出入皇宫,是因为慈禧考虑到他的父亲惇亲王奕誴在辛酉政变中"有隐德于太后",且载漪兄弟在戊戌政变中又"告密于太后",也算是有功的。《清史稿》上称:"载漪福晋,承恩公桂祥女,太后侄女也。"此种说法是不对的。近年来有人考证,载漪共有三位福晋,其中没有一位姓"叶赫那拉"的。而慈禧共有四个侄女,也无人嫁给载漪。从这点上说,这次慈禧选立皇储,并非首先考虑的是自己娘家的利益。但不管怎么说,只要光绪帝不复辟,能将其置于死地的任何人选,慈禧都会考虑的。

于是在慈禧的授意下,光绪二十五年(1899)十二月二十四日,以光绪帝名义发布上谕,立十五岁的溥儁为大阿哥,为同治帝的皇子。这样,与同治帝是同辈的光绪帝就成为多余的了。这一年为农历的己亥年,故史称"己亥建储"。本来,原定第二年(1900)元旦举行光绪帝让位典礼,改元"保庆"。但上海绅商联名上书阻谏,维新派及海外保皇党人也纷纷致电反对。邀请参加庆贺典礼的各国公使,除俄国公使表示赞成外,其他各国公使也拒绝参

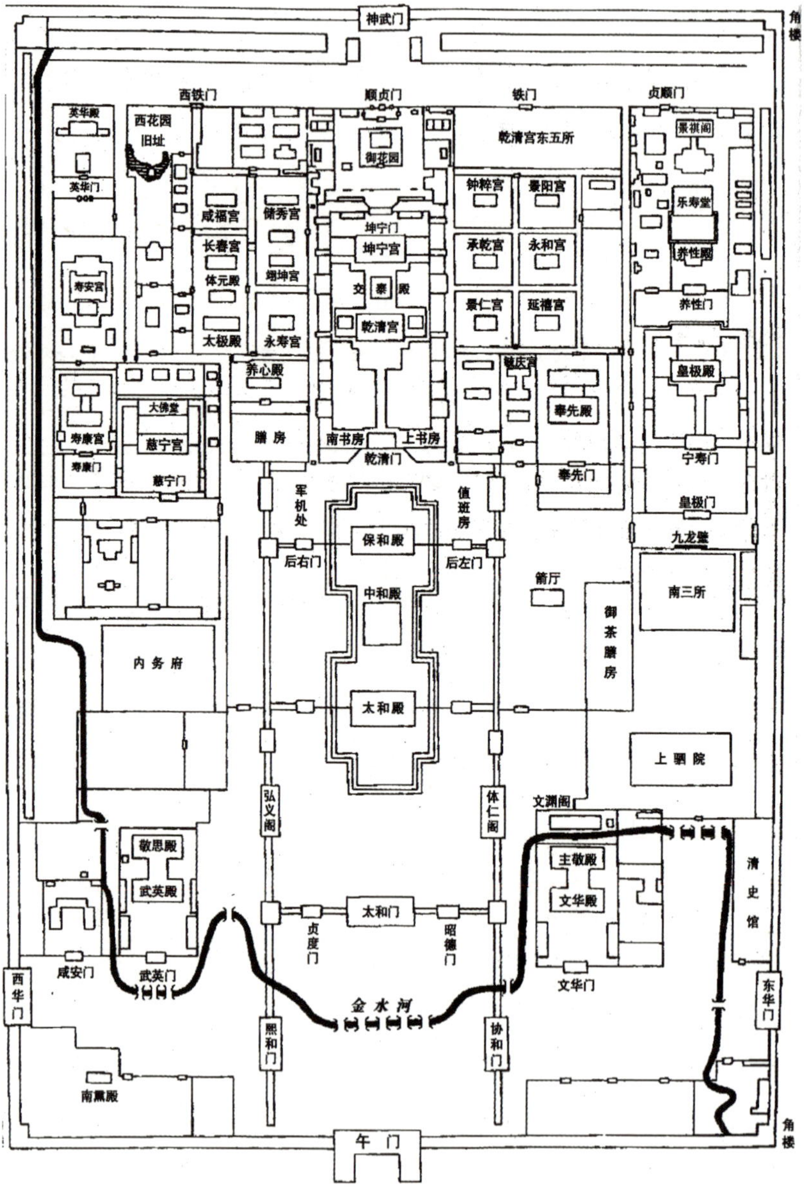

大清皇陵之飘摇的崇陵

紫禁城平面示意图

加。慈禧想用大阿哥取代光绪帝的行动再次遭到挫折。这也成为她日后与外国人撕破脸的一个主要原因。

光绪帝被囚禁后，受此牵连的还有他最心爱的女人——珍妃。慈禧把光绪帝囚禁的同时，并没有忘记这位处处与自己不合拍的珍妃，她把珍妃关进了冷宫。所谓"冷宫"就是紫禁城景祺阁北头一个单独的小院，名"东北三所"，东北三所和南三所，是明朝奶母养老的地方。珍妃住北房三间最西头的屋子，屋门由外倒锁着，窗户有一扇是活的，吃饭、洗脸都是由下人从窗户递进去，不许同下人交谈。没人交谈，这是最苦闷的事。吃的是普通下人的饭，一天两次倒马桶，由两个老太监轮流监视，这两个老太监无疑都是慈禧的人。最苦的是遇到节日、忌日、初一日、十五日，老太监还要奉旨申斥，即由老太监代表慈禧，历数珍妃的罪过，让珍妃跪在地上恭听，指着她的鼻子进行申斥，并指定在吃午饭的时间进行申斥。申斥完了，珍妃还必须向上叩首谢恩。光绪帝和珍妃从此不但承受着失去人身自由的痛苦，而且还承受着巨大的精神和感情折磨。但是，他们革新兴国，追求美好甜蜜爱情的心没变，因此他们顽强地坚持着，无时不在等待时机，相信彼此总会有见面的机会，总有扬眉吐气的时日。

光绪二十三年（1897），由于农民把对外国列强的不满集中发泄在外国教堂、教民及洋人身上，因此逐步形成了一支爱国的反洋组织——义和团。义和团先后打出了"助清灭洋""保清灭洋""兴清灭洋""顺清灭洋""扶清灭洋"等旗帜。慈禧认为义和团可以利用，因此慈禧对义和团的态度由初期的剿灭变成了招抚利用。

末代皇帝溥仪在《我的前半生》中是这样写道：在庚子那年，慈禧利用义和团杀洋人，又利用洋人杀义和团的一场大灾难中，（荣禄）又有所表现……慈禧从上台那天起就没敢惹过洋人。洋人杀了中国百姓，抢了中国的财宝，这些问题对她还不大，但现在洋人既保护了康有为，又反对他废光绪和立大阿哥，这就是直接表示反对她的统治，这是她最忍受不了的……义和团不断地和洋人教会和清廷军队进行斗争，这时已成为一支强大的武装力量，朝廷里几次派去军队镇压，都被他们打得丢盔弃甲。对团民是"剿"是"抚"，成了慈禧举棋不定的问题。载漪和大学士刚毅为首的一批王公大臣主张"抚"，并利用它把干涉废立的洋人赶出去。兵部尚书徐用仪和户部尚书立山、内阁学士联元等人完全反对这种办法，认为利用团民去反对洋人必定大祸临门，所以主张"剿"。两派意见正相持不下，一件未经甄别的紧急情报让慈禧下了决心。这个情报把洋人在各地的暴行解释为想逼慈禧归政于光绪。慈禧大怒，立刻下诏"宣抚"团民，下令进攻东交民巷使馆和兵营。为了表示决心，她把主"剿"的徐用仪、立山、联元等人砍了头。

　　不管慈禧是真心联合义和团，还是利用义和团，但事实上，义和团确实由原先的"拳匪"变成了"奉旨义和团"，堂而皇之地进出北京城，并从国家政府部门领到所需的粮饷和武器。

　　由于有了义和团做支柱，慈禧恨洋人的心立时就膨胀起来了。她决定与洋人撕破脸皮，于是光绪二十六年（1900）五月二十五日，以光绪帝的名义发出了一道既没有明确宣战对象也没有送到敌国之手的告国民及洋人的宣战"上谕"。战斗主要发生在天津和北京，战斗并不如意，甚至很糟。慈禧曾毫不隐讳地说："后来接着攻打使馆，攻打教堂，甚至烧了正阳门，杀的、抢的，我瞧着不像个事，心下早明白，他们是不中用，靠不住的。"反倒因此事，洋兵已经攻入了北京城。慈禧见大势已去，不得不考虑逃亡了。她为了彻底断绝光绪帝留在北京的念头，于七月二十日令太监崔玉贵推（或扔）珍妃于井中，害死了光绪帝的心爱女人。

顺贞门内的珍妃井

光绪二十六年（1900）七月二十一日凌晨，慈禧挟携光绪帝，带着皇后、大阿哥及部分大臣仓皇逃离了北京城。为了安全逃出京城，慈禧特地换上一

八国联军统帅瓦德西像

身青布粗衣，头上绾起汉式发髻，犹如一名逃难的农村老妇。光绪帝则身穿黑纱长衣、黑布裤。他们在神武门内登上临时准备的普通骡车，随行的王公大臣、太监宫女寥寥可数。慈禧对车夫说："尽力赶，要有洋鬼子拦阻，你不要说话，我跟他说，我们是乡下苦人，逃回家去。"大清国的圣母皇太后居然沦落到这般境地，

落魄狼狈地经怀柔逃往太原、西安。这次逃跑比第一次跟随咸丰帝逃往承德狼狈多了。大清国的皇太后虽然有惊无险地逃走了，然而留给北京人民的却是一场浩劫，留给中华民族的则是永远无法洗去的耻辱。

在1900年庚子之变前，列强各国对慈禧主战就很怨恨。宣战后，慈禧与列强的关系全面恶化。由此，列强想起了在庚子之战前主和的光绪帝。因此，列强感觉应该扶持光绪帝，迫使慈禧归政。列强各国通过外交渠道，纷纷要求慈禧归政光绪帝。德国外相向八国联军发出通告，表示将"助中国真正国君定乱保法"。俄国沙皇尼古拉二世发出国书："如光绪大皇帝政权自操，将各国人民照约保护，剿平匪乱，我深愿力助挽回时局。"英国女王维多利亚致电光绪帝："朕惟望大皇帝早日能复回实权，将不法者无论其官职大小，一律置之重典，并另设善后之法，以杜后患。"八国联军攻占北京后，更是力促光绪帝回到北京，试图以此使光绪帝摆脱慈禧的控制。德国皇帝、日本天皇及各国公使都曾致书光绪帝，声称只有在他回京之后才能举行"和谈"。八国联军总司令瓦德西于光绪二十六年（1900）闰八月初四日在天津接见记者时也曾说："中国政府于此时如欲保存现在之中国，则当急与各国联合以定和局。若能令光绪皇上脱离其被困之臣，则时局又甚易布置矣。……若幸而光绪皇上能迎还北京，则尤宜选举新党中能识大体之臣，以辅助之，为第一要义。"

慈禧深知，如果同意那些洋人的要求，让光绪帝返回北京，无疑是放虎归山，将为自己日后的政权留下无穷的后患。因此，慈禧只能保持沉默，并且准备逃到离洋人更远的四川。对于慈禧这样一个只顾逃命的大清国皇太后,洋人们也还真一时没了主意。但洋人很快放出风来,要另立一个政权来替代清政府。关于新皇帝的人选也确定了,据说是恭亲王奕䜣之孙溥伟。山东巡抚袁世凯为此电告慈禧:"各国又有另立政府之说,使中国自相残杀,无一寸净土,计甚凶狡。"与此同时,清政府的大臣们还听到另一种传言:外国列强准备利用满汉矛盾,在明朝皇帝后裔中择立一位君主。当时反清复明的思潮已经开始抬头,如果洋人们真的这样做,后果很难想象。两江总督刘坤一向尚在西安的慈禧陈诉:"近来康党票匪正以反清复明煽惑人心,若各国再有此议,天下骚然,不可收拾。"李鸿章为此还专门派人前往西安劝说。此时的慈禧,对洋人的洋枪洋炮,既恨又无可奈何;对国内新产生的民族运动,既害怕又无计可施。慈禧终于放弃进入四川的计划,同时,为了保住自己的地位,于十二月二十六日抛出了那句著名的卖国求荣口号:"量中华之物力,结与国之欢心。"

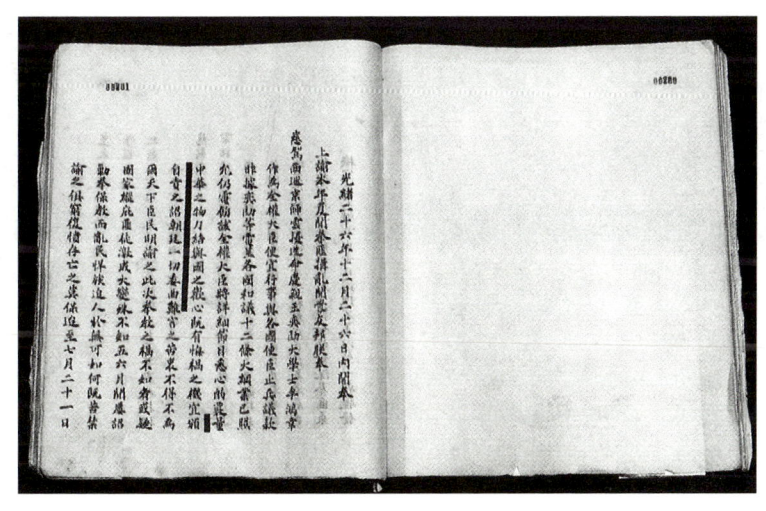

清政府的求和上谕:"量中华之物力,结与国之欢心"

在如何对待慈禧的问题上,外国列强内部本来就因利益取向不同而意见不统一,他们最终少数服从多数,慈禧的地位得到了外国列强的默认。对此,慈禧感慨万分:"洋人欲索此次祸难之唯一为首者,意盖指我,今幸未提出,不能不感祖宗之默佑也。"为了能很好地与洋人议和,代替慈禧顶罪的人总是要有的。慈禧以光绪帝的名义发下谕旨,载漪、载勋、刚毅、赵舒翘等人由于被冠以"祸首"之名遭到处罚。因此,他们这些人死的死,流放的流放,撤职的撤职,降级的降级,处罚得相当严厉和迅速。而各国列强经过反复的争论、商讨,终于共同开列了一份令各国都颇为满意的包括十二项条款的《议和大纲》,并声称"大纲"内容不得有半点更改。当议和大臣李鸿章将《议和大纲》的内容电告给在西安的慈禧后,慈禧发现自己竟未被列入"祸首"的行列,大喜过望,当即表示全部接受。在商议条款时,慈禧曾说过:"当视我力之所能及,以期其议之必可成。"

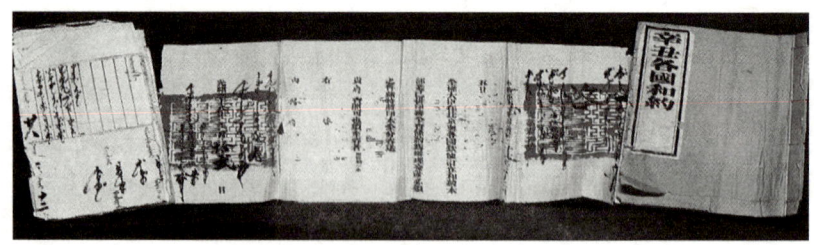

外务部为已将《辛丑条约》排印齐全事致内务府咨文(附条约文本,1901年4月19日)

光绪二十七年(1901)七月二十五日,奕劻、李鸿章代表清政府同德、奥、比、西、美、法、英、意、日、荷、俄等十一国签订了中国历史上更为丧权辱国的不平等条约——《辛丑条约》。

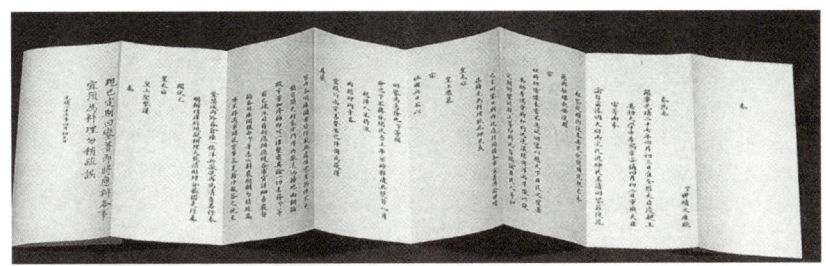

吏部尚书世续等奏报迎接回銮办理情形折（1901年5月26日）

慈禧回銮返京情形

《辛丑条约》的签订，不仅从政治、经济、军事各方面都扩大和加深了帝国主义对中国的统治，还标志着中国已完全沦为半殖民地半封建的社会，使中国人民陷入了更痛苦的深渊，清政府也从此成为洋人的傀儡政府。但对于慈禧来说，《辛丑条约》的签订，不仅结束了她一年零四个月的流亡生活，也维持了她不归政的政治格局。

光绪二十七年（1901）十月二十日，慈禧从西安回銮，经过开封时，借故大阿哥的生父载漪被列在祸首的名单里，慈禧发布诏书，撤去了溥儁的大阿哥名号，将他赶出了皇宫，只赏给一个入八分公的衔俸，毋庸当差。大阿哥的废去，使得光绪帝摆脱了被废黜的危险。但由于失去了洋人的支持，他也失去了历史给予他的最后一次掌权的机会。

光绪二十七年（1901）十一月二十八日，慈禧回到了北京。光绪帝仍然被囚禁在瀛台，除了经常忍受慈禧在生活上的虐待、情感上的折磨外，还要忍受那些刁顽太监的欺凌。光绪帝之死，自然也离不开太监这一特殊的封建社会群体，而清末太监的大红大紫与慈禧又有着千丝万缕的关系。故此，慈禧在临终时留下的遗命很值得深思：以后勿再使妇人预闻国政，此与本朝家法有违。尤须严防不得令太监擅权，明末之事可谓殷鉴。

作为一代帝王君主，光绪帝身边的却都是一群宵小之辈，尤其是他的继母慈禧，与这样的独裁女人生活在一起，注定他摆脱不了命运的摆布和戏弄，而成为清朝唯一的一位"囚徒天子"。

第三章
聚焦光绪陵

光绪帝虽然不是清朝的亡国之君,但他的崇陵却是清王朝最后一座皇陵,为两千多年的中国帝王陵寝史画上了句号,成为最后的绝响。崇陵的营建历经清朝、民国两个时代,坎坷而艰难,充满了曲折。当人们聚焦这座皇陵时发现,崇陵的选址、规制、入葬以及被盗也充满了神秘色彩。

不得不说的一段历史

光绪帝的人生与其说是注定的历史悲剧,不如说是一场由女人制造的悲剧。被确定为大清帝国的一国之主,带给他的不是权力的高光和享不尽的荣华富贵,而是一场悲剧人生。他的命运从此被一个女人掌握和决定,这个女人就是慈禧。慈禧作为他的大姨兼继母对他进行木偶似的管教和摆布。光绪帝驾崩后,由于没有子嗣,慈禧在最后弥留之际,又再次亲选年仅三岁的醇亲王载沣之子溥仪即位,当了皇帝,年号"宣统",是为宣统帝。

为什么立溥仪为帝嗣呢?据说在立帝嗣之前,慈禧曾单独召见过军机大臣世续和张之洞,征求立帝嗣的意见。

世续和张之洞心中明白,慈禧征求意见,只不过是装装样子,但是如果再立一个小孩为皇帝,大清国的朝政还会是皇太后垂帘的局面,于国不利。因此,他们想到了已被任命为军机大臣的载沣:"国有长君,社稷之福,不如径立载沣。"此时的载沣已二十五岁,是醇亲王奕譞第五子,光绪帝的异母弟,生母是侧福晋刘佳氏。

张之洞说:"前明有监国之号,国初有摄政王之名,皆可援以为例。"

慈禧则答:"卿言诚是。然不为穆宗(同治)立后,终无以对死者。今立溥仪,仍令载沣主持国政,是公义私情两无所憾也。"慈禧和盘端出了自己的看法,即立载沣之子为嗣,由载沣主政。

张之洞又言:"皇帝(指光绪)临御三十余载,不可使无后。古有兼祧之制,似可仿行(由溥仪一个皇帝同时兼做同治、光绪两个皇帝的继承人)。"

慈禧最后同意了这种建议,令抱溥仪进皇宫,载沣任监国摄政王。

光绪三十四年(1908)十月二十日,也就是光绪帝死前的一天,慈禧连续发布了两道懿旨:

第一道:醇亲王载沣

张之洞像

之子溥仪，著在宫内教养，并在上书房读书。

第二道：醇亲王载沣授为摄政王。

光绪三十四年（1908）十月二十一日，也就是光绪帝去世的当天，但还有意识的时候，慈禧告诉军机大臣，"朝会大典、常朝班次，摄政王著在诸王之前"。确定了摄政王的地位高于其他诸王。当光绪帝死后，慈禧再次连发三道懿旨：

两岁的溥仪在醇王府

第一道：摄政王载沣之子溥仪入承大统，为嗣皇帝。

第二道：摄政王载沣之子溥仪，承继穆宗毅皇帝为嗣，并兼承大行皇帝之祧（溥仪为同治帝和光绪帝两人共同的儿子）。

第三道：著摄政王载沣为监国，所有军国政事，悉秉承予之训示，裁度施行。俟嗣皇帝年龄渐长，学业有成，再由嗣皇帝亲裁政事。

"监国"，是一种代理国家朝政的制度。古代皇帝外出，往往由皇太子坐镇京师，称为"监国"。"摄政王"，也是代理国家朝政的一种政治制度。因皇帝年幼无法理政，由其家族中关系最近而又颇具声望的长者代理政务，也是一种掌管朝政的形式，如清初顺治帝福临，六岁登基，即由其叔父睿亲王多尔衮摄政，管理当时的一切国家大事。载沣既出任摄政王，又获"监国"的

载沣像　　　　　监国摄政王宝

称号，名位之尊，古今罕有。但实际上，载沣的监国摄政王的权力是有一定限制的，遇到重大事情必须先请示皇太后（光绪帝的皇后）。

光绪三十四年（1908）十月二十二日，慈禧死的当天再次下懿旨：

> 现予病势危笃，恐将不起，嗣后军国政事，均由摄政王裁定。遇有重大事件，有必须请皇太后懿旨者，由摄政王随时面请施行。

这是慈禧临死前留给其侄女隆裕的一份特殊的礼物，因为在这道懿旨下达之后，又以嗣皇帝溥仪的口气发布一道尊慈禧为太皇太后、隆裕为皇太后的上谕，这样就使得隆裕成为大清朝的实际统治者。当然,这也是日后牵制载沣处理朝政权力的一道枷锁,这样大清朝的实际权力依旧掌握在后宫——叶赫那拉氏家族手中。但慈禧哪里知道,她的这个侄女——隆裕太后,除了争风吃醋打小报告外,就是一个听从小人且被小人利用,没有韬略和智慧的普通妇女而已。

慈禧在两天时间内完成了选子立嗣的大事之后,终于放心地撒手人寰了。在慈禧死后第十七天的十一月初九日,溥仪被抱上了象征权力的太和殿宝座上,接受文武百官的朝贺,是为宣统帝。

溥仪在《我的前半生》中回忆说:我被他们折腾了半天,加上那天天气奇冷,因此当他们把我抬到太和殿,放到又高又大的宝座上的时候,这就超过了我的耐性的最后限度。……我父亲单膝侧身跪在宝座下面,双手扶我,不叫我乱动,我更挣扎着哭喊:"我不挨这儿,我要回家!我不挨这儿,我要回家!"父亲急得满头大汗。文武百官行的是三跪九叩礼,磕起头来没完没了,我的哭叫也越来越响。我父亲只好哄我说:"别哭别哭,快完了,快完了!"

当时正在忙于跪拜之

幼帝溥仪与摄政王载沣像

礼的群臣们,听到"快完了"这样不祥之语,都不禁大为惊骇,不免忧心忡忡,内心偷偷叹气:天意如此,看来这大清的天下真的要完了!

1911年是农历辛亥年,武昌起义的胜利极大地鼓舞了全国各地革命党人的革命斗志,革命热潮席卷了全国大部分省份,湖南、陕西、江西、山西、云南、贵州、浙江、江苏、广西、安徽、四川以及福建、广东等省先后宣布脱离清政府而独立。

孙中山像

1911年12月29日，孙中山当选为中华民国第一任临时大总统。1912年元旦，孙中山在南京宣誓就职，宣告中华民国成立，以"民国"纪年。中华民国的成立，袁世凯被清皇室起用，监国摄政王载沣被迫辞职，这一切都迫使奄奄一息的大清帝国彻底走向了死亡。

宣统三年十二月二十五日（1912年2月12日），在袁世凯的阴谋策划、清宫太监小德张（又称"张兰德"）的诱惑下，隆裕带着六岁的小皇帝溥仪，在紫禁城养心殿举行了清王朝最后一次御前会议，正式宣告退位。参加御前会议的袁世凯，面对大清王朝这最后的也是最为凄惨的一幕，假装不忍，伏在地上，满目含泪地再请皇族会议议定。此时的隆裕像是对溥仪，又像是对自己说道："他们都已挟资走脱了，剩我母子二人，还有何说？不

六岁的溥仪与隆裕皇太后

过祖宗创业维艰，却不能轻送在咱们孤儿寡母手里，致成为千古憾事。咱们不自修政，贻误大事，坐失江山，将来有何颜面去对祖宗先帝？但事到如今，说也无益，你们去拟旨逊位好了。"说到这里，隆裕不禁泪如雨下。

遵照懿旨，退位诏书传闻由清朝状元张謇的幕僚杨廷栋执笔，由张謇修改润色，经袁世凯审阅，诏书称：

> 今全国人民心理，多倾向共和。南中各省，既倡议于前；北方诸将，亦主张于后。人心所向，天命可知。予亦何忍以一姓之尊荣，拂兆民之好恶，是用外观大势，内审舆情，特率皇帝将统治权公诸全国，定为共和立宪国体。近慰海内厌乱望治之心，远协古圣天下为公之义。

隆裕看过，颤抖着双手将诏书钤宝，又忍不住泪流满面。这位一生并未得到过多少人生幸福的女人，终于又以无限的悲怆之情为大清帝国近三百年的基业画上了句号。

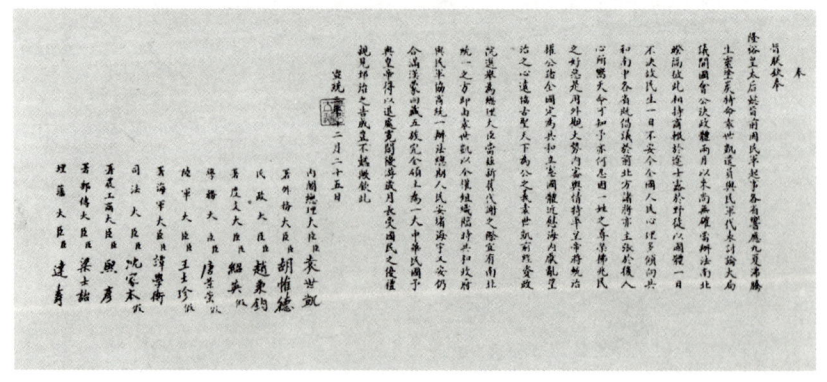

大清退位诏书

同日，民国政府还颁布了《关于大清皇帝辞位后之优待条件》《关于清皇族待遇之条件》《关于满蒙回藏各族待遇之条件》三份文件，其中对日后影响至深的《关于大清皇帝辞位后之优待条件》第五款规定："德宗崇陵未完工程，如制妥修，其奉安典礼，仍如旧制。所有实用经费，均由中华民国支出。"以上条件，列于正式公文，由两方代表照会各国驻北京公使，转达各国政府。

显然，前两份文件是清朝皇室与民国政府协商，相互妥协后达成的条款，这是在当时特定条件下的产物，这也说明了当时的中国革命并不彻底，很容易被资本主义、封建主义势力所利用。但不管怎么说，以谈判的方式和平交出政权，令政权平稳交接，在当时来讲也许重于一切，毕竟减少社会动荡是国家之根本。

大清皇帝的退位，意味着清朝从此退出历史舞台，中国进入了民国时期。但中国封建社会中皇室的遗俗并未就此终结，大清皇帝——光绪帝死后的棺椁仍停放在清西陵梁格庄行宫正殿，至今已近四年，大清皇室及民国政府根据协议继续为光绪帝营建皇陵并安葬之。

也许有人会问：光绪帝的棺椁停在西陵，也就说他将葬在西陵，那么他的陵址是如何选定的呢？

并不理想的陵址

光绪帝的崇陵位于清西陵陵区东北处的金龙峪，西距泰陵、昌陵有十二里。金龙峪三面环山，南面有一个天然的陵口，崇陵正好建在这个形似女阴的山环中。无论后宝山，还是左右的青龙、

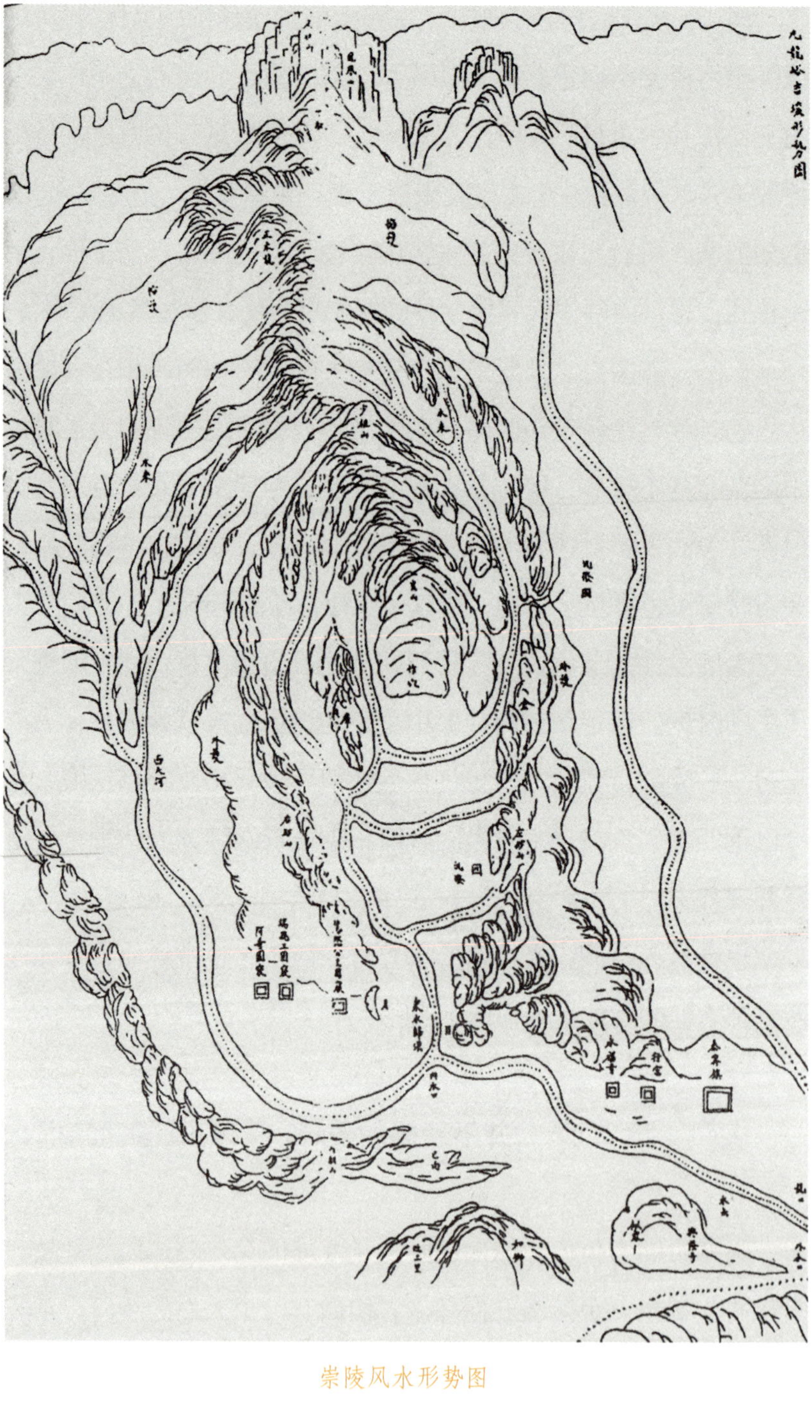

崇陵风水形势图

白虎砂山均为天然形成的，松柏茂密滴翠，河水潺潺清澈，从环境地理位置来看，此处确实为一处负阴朝阳、避风聚气的风水宝地。

光绪三十四年（1908）十月二十四日，即光绪帝死的第三天，醇亲王载沣以宣统帝的名义发出了一道上谕：

> 大行皇帝尚未择有陵寝，著派溥伦、陈璧带领堪舆人员，驰往东、西陵，敬谨查勘地势，绘图贴说，奏明请旨办理。

溥伦是道光帝的曾孙，当时的爵位是固山贝子，属于近支宗室成员。陈璧当时是邮传部尚书，他曾多次承办过陵寝工程，对陵寝事务颇为熟悉。按照东陵、西陵均备选万年吉地的原则，光绪帝的陵址也在这两处选择，根据选择的情况，最后确定在哪里建陵。

溥伦和陈璧奉命后，带领风水官员春寿、钟秀等人在东陵、西陵界内踏看了许多地方。经过筛选后，找出了四处备选吉地，即东陵界内的兴隆台、长龙岭和西陵境内的丁家沟、金龙峪。其中，兴隆台风水尚佳，但也并非十全十美，不足之处是"东西砂体卑弱。砂外临大西河，将来夏令水势浩大，桥工未易保固"。长龙岭足可以称上吉之地，但也有缺欠，就是"堂局不太宏敞，大势逊于兴隆台，但水口有出煞之吉，稍可弥补"。西陵境内的丁家沟不理想之处是"微嫌来处稍单，前过重。虽有完全之势，惜非老干所钟"。

风水官们认为最理想的是金龙峪。他们把金龙峪的风水说得十全十美，是一处不可多得的上吉佳壤。他们在风水说帖中是这样描述的：

金龙峪脉起自后祖山，横开左帐，另起高峰，山势庄严，宛如宝殿，由中峰细抽一脉，天梯石磴，阶级分明，递下二三节后，自亥转壬，兀起寿星一山，备具左辅，土金形势，高圆端正。大帐平开，桡棹向前，直送到穴，班排衔列，枝脚整齐。由少祖山再转癸而入壬，每一转必有帐护。再由壬而入癸。山列峨眉，砂分蝉翼，环围轮转，穴结少阴。其承送到穴之牛角砂，完全脱化，都成阢壤。向立壬山丙向兼亥巳三分，丁亥、丁巳分金。离水坎山，局参既济；壬龙丙向，象合文明。山势逶迤，有雄峙一方之概；局形端正，综包四势之奇。左列旗枪，右张华盖。水环流而清晏，砂朝拱以伏从。起挟飞鸣，落如翔集。定一尊之全局，无涓派之斜趋。斯实乾坤灵秀之区，阴阳合会之所。龙、穴、砂、水无美不收，形势理气为诸穴冠。

溥伦、陈璧根据风水官们的风水说帖，经过审慎选择，也认为金龙峪确实为备选吉地中风水最佳者，因此具折上奏，推荐金龙峪为万年吉地，并将风水官的风水说帖一并恭呈御览。

光绪三十四年（1908）十二月十四日，宣统帝颁布上谕，正式决定金龙峪为光绪帝的万年吉地，任命载洵、溥沦、载泽、鹿传霖为承修大臣，并派庆亲王奕劻会同办理一切事宜。从发布谕旨派溥伦、陈璧相度吉地，到确定金龙峪为万年吉地，前后只用了五十天，速度之快真是前所未有。由此可见，光绪帝生前并没有选定万年吉地，当时为光绪帝选择陵址是万分着急的。

古时，新君即位就择吉建陵，这已成为千百年来奉行不变的制度，而且清朝入关以来的皇帝大都遵照奉行，怎么到了光绪帝就不执行了呢？难道真像传闻那样，是因为慈禧专权跋扈、与光绪帝积怨很深，故意不给光绪帝生前选吉地建陵寝以进行报复吗？

清陵专家于进化先生和天津大学的王其亨教授经过多年的研究考证后发现，光绪帝在生前选择过万年吉地，时间就在光绪十三年（1887）。那一年，慈禧带着光绪帝借谒西陵之机到金龙峪相度过，并初步定在了那里。也许有人会问：既然吉地已定，为什么在谕旨中却说"大行皇帝尚未择有陵寝"，还要选择新陵址呢？难道皇帝的万年吉地是宫闱秘事，天机不可泄露吗？

清陵学者徐广源在《清西陵史话》中对这件事是这样分析的：

光绪十三年（1879年）虽对九龙峪进行了反复踏勘，立了石柱，又改名"金龙峪"，后来还绘制了《金龙峪金星宝盖图》，但这只是初定，并不是最后的决定。也可能在金龙峪其他地方也进行了踏勘，立了柱，绘了图。也有可能因为某原因，改变了初衷，对金龙峪失去了兴趣。立柱、改名、绘图并不能作为确定为万年吉地的唯一证据。相度吉地在当时是天经地义的大事。以前各清帝相度万年吉地并将某地确定为万年吉地，官书上都有明文记载，没有必要隐瞒。更没有必要吉地明明确定了，故意说未卜未定，派人装模作样地重新踏勘一番。简言之，光绪十三年三月确曾对金龙峪踏勘过，但没有最后确定下来。真正确定下来则是溥伦、陈璧这次。

光绪三十四年（1908）十二月十六日，清廷又明确庆亲王奕劻为恭修崇陵工程的总稽查，毋庸会同估修。宣统二年（1910）七月二十三日，又添派总管内务府大臣奎俊为承修大臣，负责崇陵的第四段工程。同年十一月二十八日，又增派署农工商部右侍郎溥善为承修大臣。

自道光帝营建了规制独特的慕陵之后，使清陵的规制变得复杂起来。因为此时有孝陵到昌陵的传统祖陵规制，也有慕陵的特殊规制，还有祖陵规制与慕陵规制相结合，同时又有独创的定陵规制。崇陵应该照哪种规制办理？为此，以载洵为首的承修大臣向朝廷奏请崇陵应按何种规制办理。光绪三十四年（1908）十二

崇陵工作第一图：线桩及灰线

崇陵工作第二图：线桩及灰线

崇陵工作第三图：线桩

崇陵工作第四图：灰线

月二十五日,载洵等承修大臣得到了回答:"载洵等奏请崇陵规制一折。著恭照惠陵规制,敬谨兴修。"

崇陵工程于宣统元年(1909)二月初八日卯时破土,于闰二月十七日兴工。有人认为动土和兴工是一码事,这是一种误解。其实动土和兴工是有区别

崇陵承修大臣、光绪帝六弟载洵在金井宝盖旁

的。动土也称"破土"。有时破土后,立即动工,开始营建;有时因年份与山向不合,或季节不宜施工,破土后,隔一段时日后才动工。这种情况很多,崇陵和惠陵都属于破土和兴工分开进行的。

经承修大臣勘估,崇陵工程共需工料折价实银五百五十一万七千四百二十两六钱四分三厘,妃园寝工程共需工料折价实银七十四万七千七百五十七两三钱一分,风水围墙等工共需工料折价实银七万九千零一十两八钱三分九厘,奉祀礼部营房等工共需工料折价实银二十一万九千三百八十两一钱四分九厘,八旗营房等工共需工料折价实银二十四万四千七百七十三两八钱一分,内务府营房等工共需工料折价实银二十一万三千一百二十四两一钱九分八厘,绿营营房等工共需工料折价实银二十万三千三百七十五两三钱九分三厘,以上总共估需工料实银七百二十二万四千八百四十二两三钱四分二厘。宣统元年(1909)七月初,承修大臣载洵等将崇陵全工钱粮数目上奏朝廷,请求拨

款。奉旨："所需一切款项，著承修大臣随时核实办理，度支部知道。"

金龙峪最早叫魏家沟，后来在同治年间改名为九龙峪，光绪十三年又改名为金龙峪。这个地方早在乾隆年间就曾被堪舆家们相中，向乾隆帝推荐作为端慧皇太子永琏的墓地，但被乾隆帝否定了。后来，道光帝、咸丰帝相度万年吉地时金龙峪都曾作为备选吉地而入围，但总未被选中，最后却成为光绪帝的万年吉地。风水官们用尽了世上最优美的辞藻，把金龙峪说成了十全十美的风水宝地、上吉佳壤。在这些风水家的眼中，金龙峪的风水已好到了无以复加的地步。其实一个地方的风水好坏，不仅要看地表以上的山川形胜的佳美，还应该看土质的好坏。在相度山川形胜的同时，还应该刨验土质。这土质既包括土的颜色，也包括土的成分。土质，特别是穴中之土，要颜色纯正，土层深厚，细腻无沙，既不能松散干燥，也不能含水量过大。按照对万年吉地的起码要求，不仅要求土层深厚，而且要求土质细腻无沙，颜色纯正，而且动工之前要刨验土色。相度裕陵陵址，在刨验土色时发现，"三尺有紫色土，四尺至八尺系纯细土，自九尺至一丈五尺零俱系紫黄色土"。雍正帝的九凤朝阳山吉地，发现穴中之土带砂石，加之形局未全，竟被废掉。可见土质尤其是穴位（地宫金井下）的土质，至关重要。

金龙峪的地面风水形势之好无可挑剔，但对于金龙峪的土质，不知是风水家们疏忽还是有意识的回避，却一字未提。结果人们在破土施工时发现，金龙峪的土质意想不到的低劣。承修大臣载洵在给朝廷的奏章中忧心忡忡地写道：

第一段地宫分位，左右刨深之处，渐露巨石多处，凿打颇觉费力，且性颇潮湿，有无砂水，尚难预料。方城地基，土质近似砂石，将来打桩，诚恐不易着手。第二段，隆恩殿地基西北角近倚山根，迤逦东南，土石深浅不一，打桩试验，施工甚难。第三段，殿座之下，亦多见有砂石。第四段，自碑亭、牌楼门前，依次地势愈低，多有砂石积水。

营建中的崇陵工地

正在兴建中的崇陵工地（摄影　邓之诚）

也就是说，崇陵的整座陵寝的地下，几乎没有一处理想的土层，不是巨石，就是砂石和积水，这给工程带来了极大的困难。朝廷对工程上遇到的这些困难，也是束手无策，摄政王载沣在载洵的奏折上无可奈何地批道："即著承修大臣妥筹善法，以期巩固而昭敬慎。"

崇陵工程的营建方式与惠陵一样，整个工程分为四段，各自由承修大臣指定多家木厂承包，各段工程内的具体活计是由每个承包厂商通过抓阄方式来确定的，木厂负责建筑施工，并接受官方监督。据1913年担任过驻守西陵的禁卫军连长杜如松回忆，承修崇陵的厂家有兴隆木厂、斌兴木厂、广丰木厂、德源木厂、广和木厂、二合公柜、三合公柜等二十余家。工程开始时，仅有架子工和壮工数百名。到工程紧张时，每日上工人数总在六千名左右。杜如松还回忆说，施工区设有工程处，管理一切设施、运输等事宜，附设有监工、走工等组织，还由北京调来了一个消防中队，防备火灾。另由禁卫军设立弹压处，附设稽察班。每班由宪兵二名、禁卫军士兵十名组成，循着规定路线昼夜巡查。

崇陵工程，其中包括崇陵、崇陵妃园寝、礼部营房、内务府营房、八旗营房、绿营营房和风水围墙等项目。其中风水围墙建筑项目的产生，是因为崇陵等建在了西陵原风水墙外。当崇陵等建好后将风水墙扩展，将崇陵划到风水墙内，以保证与泰陵等清陵都在风水墙的保护范围内。

崇陵工程未到一半，国家政局发生了翻天覆地的历史性变化。宣统三年十二月二十五日（1911年2月12日），宣统帝被迫宣布退位，大清帝国从此灭亡。中国两千多年的封建帝制结束了。

清朝覆亡后，崇陵工程曾停顿了一段时间。根据民国政府与清皇室达成的优待条件，经过协商，当时民国大总统袁世凯派国务总理赵秉钧负责崇陵的工程，崇陵工程得以继续进行。后来，因为资金短缺，工程再次停工。经过与清皇室协商，工程费从给清皇室的岁费中扣除，才得以继续施工。

崇陵的建筑规制仿照同治帝的惠陵。从南到北的建筑布局依次是这样的：五孔拱券桥一座、五孔平桥二座、望柱一对，望柱与五孔拱券桥之间无神路；牌楼门一座，牌楼门前右侧班房一座，面阔三间，坐西朝东，班房建有后院；下马牌一对、神道碑亭一座、神厨库一座，神厨库南墙外为井亭；马槽沟上并排建有三孔拱券桥三座、三孔平桥二座；东西朝房各一座，面阔五间；东西班房各一座，面阔各三间；隆恩门一座，面阔五间；东西焚帛炉各一座；东西配殿各一座，面阔五间，有前廊；隆恩殿一座，面阔五间；隆恩殿前是月台，月台前有三座踏跺，中路踏跺正中设有一块丹陛石，月台东西两侧各有一座抄手踏跺；隆恩殿后的玉带河上设有三路孔便桥；陵寝门三座，每门前各有一座踏跺；石五供一座；石五供北的玉带河上设有三路一孔便桥；方城东西两侧有面阔墙一道，面阔墙各辟有随墙门一座，门前设有贴墙踏跺；方城前有月台，月台前设有礓磜一座，礓磜两侧设有石栏杆；方城之上为重檐歇山顶建筑——明楼；方城北为哑巴院；哑巴院之北为长圆形宝城，宝城正中是宝顶，宝顶下是地宫。

崇陵神路不与泰陵神路相接。

崇陵神路不与泰陵神路相接，这是为了节省建陵经费，而非民间传说是因为光绪帝无儿无女，意味断子绝孙。其实并不是这

崇陵前景

样的,比如道光帝的慕陵神路也不与清西陵的首陵泰陵神路相连接,而道光帝有九个皇子和十个皇女;同治帝虽未有子女,但其惠陵的原设计方案里神路与孝陵神路相接,后来为了节省开支,慈禧下令裁撤了这段神路。由此可见,陵寝神路是否与首陵神路连接,与墓主人有无儿女没有任何关系,而是与当时的国家经济状况有关。

从宣统元年(1909)二月到民国三年(1914),历时五年,崇陵工程才全工告竣。

第四章
死者安息的场所

人死之后要"入土为安"。但这对于皇帝皇后来说,他们的入土为安绝非易事,需要经过严格的礼仪程序和过程,才能葬入地宫,而且这些都是国家礼仪。

地宫里的这对男女

崇陵地宫里葬有光绪帝和他的皇后孝定景皇后叶赫那拉氏,现在简单介绍一下光绪帝死后的丧仪、奉移程序及孝定景皇后的生平经历。

光绪三十四年(1908)十月二十二日卯时,宣统帝在涵元殿恭视大行皇帝小殓。小殓后的光绪帝遗体用吉祥轿送到乾清宫西次间。宣统帝剪掉发辫,穿上孝服,亲王以下文武大臣也都穿着孝服。众人按照职位排列,一起举哀,宣统帝号啕大哭,最为悲痛。宣统帝恭视大行皇帝大殓毕,奉安梓宫于乾清宫正中,率领众臣行殓奠礼。

乾清宫

光绪三十四年（1908）十一月十六日，恭移大行皇帝梓宫安奉景山观德殿。

正月二十八日，给光绪帝上尊谥"同天崇运大中至正经文纬武仁孝睿智端俭宽勤景皇帝"，庙号"德宗"。光绪帝死后，一直被称为"大行皇帝"，意思是远行皇帝。当他有了谥号和庙号之后，他就不再被称为"大行皇帝"，而是称"德宗景皇帝"。

宣统元年三月月十二日，光绪帝梓宫奉移西陵暂安。

三月十五日，光绪帝梓宫奉安西陵梁格庄行宫正殿。等待崇陵建好后，奉安崇陵地宫。下面介绍一下光绪帝的皇后——孝定景皇后。

孝定景皇后，叶赫那拉氏，生于同治七年（1868）正月初十日，

观德殿几筵

清西陵梁格庄行宫水池及大殿南面

第四章 死者安息的场所

比光绪帝大三岁,生父为慈禧的亲弟弟、副都统桂祥,在辈分上是光绪帝的表姐,是慈禧的娘家侄女。史书和清宫档案里面都没有她名字的记载,只有德龄在《瀛台泣血记》中说她叫"静芬"。

孝定景皇后朝服像

光绪十五年（1889）正月二十七日，在慈禧的一手操办下叶赫那拉氏与光绪帝大婚，时年二十二岁。然而，他们的婚姻并不美满和睦，据说这在他们结婚之前就有了不祥之兆。在他们大婚前四十天，即光绪十四年（1888）十二月十五日夜间，一场无情的大火将太和门、贞度门和昭德门烧成一片灰烬。

太和门在明代叫"皇极门"，位于紫禁城的中轴线上，是皇宫的重要门户，曾是皇帝举行御门听政的地方（清朝后来改在了乾清门）。清朝入关后，顺治帝曾在此门举行过登极大典；贞度门、昭德门位于太和门左右，是大臣们上朝、退朝的必经之门。太和门北面就是太和殿。这三门也是大婚典礼的重要场所，这三座门被烧，使皇宫上下大为震惊和恐慌。在那个年代，人们都很迷信，认为这是上天发出的警示。然而慈禧仍然一意孤行，逆天行事，坚持光绪帝与侄女的婚姻。这不仅给光绪帝留下了不可磨灭的精神创伤和感情压抑，也将痛苦和悲剧带给了慈禧自己的侄女。

太和门

光绪帝始终就不喜欢这位皇后,而被囚禁之后,因失去了与珍妃的联系,也失去了唯一的精神寄托,所以变得更加孤独和怨恨。他把政治和感情上的愤恨发泄到皇后身上,拒绝与皇后同居。一个有着正常生理欲望的女人,明明天天看得见自己的丈夫,却不能同他过正常的夫妻生活,实际上等于守了活寡。这种生理和精神上的痛苦是一个女人最大的悲剧。在光绪帝被囚禁、病重期间,两人依旧没有什么共同语言,貌合神离。光绪帝除了按惯例给慈禧请安之外,与自己的皇后很少说话。一次,皇后在慈禧的授意下,去看望病中的光绪帝,光绪帝只是让皇后快些离开,而皇后则站在那里不动,重病中的光绪帝只得挣扎起来,用手推皇后快些走。

光绪二十六年(1900)七月二十一日,皇后叶赫那拉氏与慈禧等一起逃出北京城。光绪二十七年(1901)十一月二十八日,她与慈禧等人返回了北京。光绪帝死后,宣统帝溥仪即位。溥仪晋尊叶赫那拉氏为皇太后,上徽号为"隆裕",所以她被称为"隆裕皇太后"。隆裕曾想仿效慈禧"垂帘听政"。等到奕劻传出慈禧遗诏立溥仪为皇帝,载沣为监国摄政王时,隆裕虽取得了一定的军国大事决定权,但与当年慈禧"垂帘听政"的气势相比,却是大不一样。也许是慈禧深知自己这个不争气的侄女,实在没有这个能力,所以也没给她这个机会。由于未能像慈禧那样"垂帘听政",隆裕便在政令上随心所欲,处处给摄政王载沣找别扭。

宣统二年(1910)五月,载沣任命毓朗、徐世昌为军机大臣。数日后,隆裕下令载沣将这两个人的职务撤去。载沣婉言相劝,请求暂缓行事,隆裕则毫不让步。载沣不得已,反驳说:"太后不应干预用人行政大权。"隆裕便无可奈何了。光绪帝生前,隆裕得不到生活中的男女情趣；光绪帝死后，她在政治上也是一塌糊涂，无谋无才，毫无政治主见，竟然被太监小德张所左右。受小德张怂恿，隆裕竟然在大丧期间，挪用海军军费巨款，兴修宫殿"水晶宫"为玩乐之所。当时国库本来已经空虚，财政更是捉襟见肘，新式海陆军的建军费用尚且不足，又要拨款修园建殿，这无疑大大加重了国家经济负担，因此引起朝野的不满和议论。后来虽然因为革命军起义，"水晶宫"的建造不得不停止，但这些足以暴露出隆裕的平庸和无识。

宣统三年十二月二十五日（1912年2月12日），隆裕以宣统帝的名义宣布退位。大清皇帝宣布退位之后，根据《大清皇帝辞位后之优待条件》，溥仪仍居住在紫禁城的后半部分，称"内

溥仪（前坐者）与隆裕（右四）等在建福宫庭院

廷"（也称"后寝"），即从乾清门往北的东西十二宫、御花园、慈宁宫、宁寿宫等处。丧失了国家权力后的精神空虚，使隆裕感觉上了袁世凯的当，终日忧郁，闷闷不乐。尽管如此，她仍仗着自己在宫中特有的皇太后身份和权力，打击和压抑宫中的其他女主位，把内廷闹得鸡飞狗跳，不得安宁。

本来，宣统帝溥仪是承祧穆宗为嗣，又兼承德宗之祧，也就是说既是同治帝的儿子，又是光绪帝的儿子，这样同治帝和光绪帝的后妃都是溥仪的母亲。但是，身为皇太后的隆裕没有丝毫母仪天下的气派和格局，她倚仗自己是皇太后，瞧不起光绪帝的瑾妃和同治帝的瑜妃、珣妃、瑨妃。同治帝的这三妃，其中瑜妃赫舍里氏，身材修长，艳丽超群，而且聪明机智，精通文墨，琴棋书画无所不能，据说是同治帝四妃嫔中最漂亮的。宣统帝即位后，尊封她为瑜皇贵妃。珣妃阿鲁特氏，是孝哲毅皇后的姑母，宣统帝封她为珣皇贵妃。瑨妃西林觉罗氏，宣统帝尊封她为瑨贵妃。隆裕晋尊为皇太后之后的一天，瑜妃前去见隆裕，隆裕让她跪见，且口称她"奴才"。瑜妃对此非常生气。《清稗类钞》记载有这么一件事：慈禧入葬山陵时，隆裕、瑾妃及同治帝的三妃都到东陵参加了葬礼。礼毕，三妃不肯回宫，表示要追随慈禧于地下。摄政王载沣派贝子载振前去迎接。瑜妃十分严肃地对载振说："皇上是专继德宗，抑系兼继穆宗？"载振回答："兼继穆宗。"瑜妃说："既兼继穆宗，孝钦后、孝哲后今已宾天，则穆宗一系，我为之长。皇上既系过继，何得独以隆裕太后为母，而我为奴才？"载振力请三妃回宫后从长计议。瑜妃表示，与其回宫做奴才，还不如追随慈禧皇太后于地下。珣妃、瑨妃也在旁附和。载振无奈，返回京师,与摄政王载沣、庆亲王奕劻等商定,晋封三妃为"太妃",不称"奴才","礼请还宫,警跸而入",并增加了三妃的月费。清东陵官员编撰的《陵寝易知》上也有记载:"宣统元年十月初四日,孝钦显皇后奉安,隆裕皇太后恭送梓宫内,同治妃三同来,因与隆裕不睦,至十月初五日回銮,三位妃未回,驻隆福寺,至二十日方回,未之有也。"

隆裕长期忧闷,积郁成疾,1913年2月22日凌晨撒手人寰,病逝于长春宫,终年四十六岁。隆裕死时,身边只有宣统帝溥仪、总管内务府大臣世续和两三个宫女。死前她对世续说:"孤儿寡母,千古伤心,睹宫宇之荒凉,不知魂归何所。"又对溥仪说:"汝生帝王家,一事未喻,而国亡,而母死,茫然不知。吾别汝之期至矣,沟渎道途,听汝自为而已。"隆裕过世当天,掌礼司太监用鹅黄吉祥轿将隆裕遗体移送到皇极殿。申初二刻,在溥仪所遣总管谦和及同治帝三妃、光绪帝瑾太妃的敬视下,隆裕的遗体殓入了棺内,停灵在皇极殿内。

隆裕出殡时额匾文字

隆裕皇太后死后为其举行哀悼会时,天安门前的情况

1913年3月31日,溥仪尊谥隆裕为"孝定隆裕宽惠慎哲协天保圣景皇后",简称"孝定景皇后"。

民国政府对隆裕的去世十分重视。总统袁世凯下令全国下半旗志哀三日,文武官员穿孝二十七日。参议院除下半旗外,于2月26日休会一天。2月28日为祭奠之期,袁世凯臂戴黑纱,举哀致祭,并出赙金①三万元。国务员荫昌奉总统之命到皇极殿几筵前恭代致祭后,国务总理赵秉钧等民国要员一一前往皇极殿吊唁。许多军政要员纷纷致电清室,对隆裕的病逝表示哀悼。副总统黎元洪在唁电中称赞隆裕"德至功高,女中尧舜"。山西都督阎锡山在唁电中说:"皇太后贤明淑慎,洞达时机,垂悯苍生,主持逊位,视天下不私一姓,俾五族克建共和。盛德隆恩,道高

---

① 赙金:为助办丧事而赠送给丧主的钱财,又称赙钱。

千古。"参议院议长吴景濂对隆裕进行了肉麻的吹捧:"隆裕太后以尧舜禅让之心,赞周召共和之美。值中国帝运之末,开东亚民主之基。顺天应人,超今迈古。"在吴景濂的倡议下,3月19日,民国政府在太和殿为隆裕召开了国民哀悼大会。灵堂上方悬挂着"女中尧舜"的白色横幅,灵堂正中摆放着隆裕像。所有外露的

隆裕出殡情形

隆裕棺椁被送上火车

梁柱均用白布包裹着。殿堂内摆满了挽联、花圈。穿着清式丧服和现代军服的仪仗队在灵堂前左右站立，场面肃穆且隆重。

1913年4月3日，隆裕棺椁从皇极殿奉移到正阳门西车站，用火车运送到清西陵梁格庄行宫，暂安于西院正殿。等待崇陵建好，奉安崇陵地宫。

皇帝的奉安大典

在清朝，帝、后的棺椁称为"梓宫"，棺椁的迁移称为"奉移"，棺椁的停放称为"奉安"。那么，在清朝时皇帝的梓宫是怎样葬入陵寝地宫的呢？

历史上，皇帝的奉安大典是一个极为繁杂的程序和过程。

梓宫奉移山陵前三日，遣官分别告祭天、地、太庙后殿、奉先殿、社稷。奉移前一天，嗣皇帝亲自到殡宫行祖奠礼。奉移当天，先用三十二人小杠将梓宫抬出殡宫大门外，再用八十人大杠抬出京城，出城后才正式用最高标准的一百二十八人大杠。为什么在城内用八十人大杠而不用一百二十八人大杠呢？原来城门洞狭窄，一百二十八人的大杠很宽，城门洞容不开，过不去，不得不先用八十人大杠。全程杠夫共有六十班，每班多备四人，所以仅杠夫就达七千九百二十人。第一班和最后一班皆用校尉，其余各班杠夫皆是从京城附近各州县雇用的。

从京城到山陵沿途要搭盖停放梓宫用的芦殿和供帝后妃住宿的备用城，并且要修建两条道，一条供梓宫及送葬队伍通行，另一条供嗣皇帝及其后妃通行。嗣皇帝及皇后、妃嫔在殡宫大门外跪送梓宫，启行后步送出京城，然后赶赴第一站恭候梓宫。梓宫在途中，每过门、桥，都由内大臣轮班祭酒三爵，每祭一叩头，焚烧纸钱。

在殡宫和山陵用法驾卤簿，沿途用骑驾卤簿。梓宫每将到芦殿，嗣皇帝都要率大臣在芦殿大门外跪迎。梓宫安奉于芦殿毕，嗣皇帝率群臣、皇后率妃嫔等先后在梓宫前行夕奠礼，祭酒三爵，立举哀，焚纸钱礼毕各回宿次。

第二天梓宫启行前，嗣皇帝率群臣在梓宫前行朝奠礼，祭酒三爵，每祭行一拜礼。皇后率妃嫔在芦殿旁间瞻仰梓宫起行，然后，嗣皇帝、皇后、妃嫔及部分王公大臣等赶赴第二站芦殿恭候。梓宫在途中，由包衣官员扬撒路钱。此后每日皆如此。沿途百里之内的地方文武官员要在道路的右旁百步外跪迎梓宫，举哀。

梓宫到达陵寝前一天，嗣皇帝先赶赴山陵，按辈分高低展谒各陵。这一日的朝奠礼由钦派王公代行礼。嗣皇帝谒完各陵，再返回最后一站芦殿，到梓宫前行夕奠礼。第二天，嗣皇帝行完朝奠礼后，先到陵区大红门内幄次恭候。这一天，除在陵上值班者外，陵寝守护大臣、侍卫、官员、拜唐阿[①]等俱到陵区外跪迎、举哀。梓宫过，随后行。梓宫到石牌坊海墁处，嗣皇帝出大红门跪迎。梓宫暂停，嗣皇帝代已死的皇帝向各祖陵行三跪九拜礼。由于大红门门洞容不下一百二十八杠，于是便把大红门旁边的红墙扒开一个豁口，梓宫通过后再砌好如初。嗣皇帝亲自恭引梓宫进入陵园，梓宫在神路上行。到隆恩门前的三孔桥，改用三十二人小杠。

---

① 满语。清朝各衙门管事而无品级者。

嗣皇帝在隆恩门外跪迎，并恭导梓宫由隆恩门中门进，将梓宫安奉于隆恩殿内正中。嗣皇帝避立于东配殿之南，待几筵、册、宝、桌张等安设好之后，嗣皇帝到梓宫前祭酒三爵，每祭行一拜礼。文武众官员随行礼。嗣皇帝行完礼，皇后率妃嫔奠酒行礼。这一天，以梓宫到达陵寝，分别遣官告祭各祖陵、要入葬的陵的后土之神及山神。在梓宫停放隆恩殿期间，嗣皇帝每日到梓宫前奠酒行礼，王公百官随行礼。皇帝梓宫在隆恩殿停放时间没有具体规定，短则二三天，长则数月，要根据钦天监选定的吉期而定。

皇帝梓宫入葬前三天，分别遣官告祭天、地、太庙后殿、社稷。入葬前一天，行迁奠礼。这一天，法驾卤簿全设。诸皇子及御前大臣列于隆恩殿前月台上。亲王以下，入八分公以上王公列于隆恩门外月台上。内大臣、侍卫列于月台下。未入八分公及满汉文武官员在东西朝房前按翼排立。届时，嗣皇帝到梓宫前东旁立，西向举哀。尚茶正跪献奶茶，嗣皇帝举茶，奠于案，行一拜礼，众随行礼。然后，尚膳正进膳，皇帝亲上食，毕。执事官进奠几。读祝官捧祭文恭读，哀止，嗣皇帝及众大臣跪听。读罢祭文，继续举哀。嗣皇帝祭酒三爵，每祭一拜，众官随行礼。读祝官捧祝文，内监捧冠服篚出殿中门，到纸锞堆处安放。嗣皇帝提前出隆恩殿，在路旁跪候祝文、冠服篚过，随后行，众官也随行。嗣皇帝到纸锞堆旁奠酒处跪，众官在纸锞堆两旁稍远处跪。嗣皇帝祭酒三爵，每祭行一拜礼，众官皆随行礼。嗣皇帝稍后立，举哀。递酒杯大臣将酒浇灌毕，纸、锞、祝文、冠服暂不焚化。嗣皇帝回幄次小息。王公大臣回原处排立。执事人员进隆恩殿，将梓宫前的五供、香几、桌张等撤下，把梓宫抬放在小杠上。皇帝在梓宫前举哀，祭酒三爵，每祭行一拜礼。众皆哭，随行礼。梓宫由殿中门出，从中阶下，从殿东旁行，进陵寝门中门。嗣皇帝在陵寝门内跪迎，候过，起立，回幄次小息。工部事先在方城券门洞外搭盖芦殿，方城前接搭平台。平台前及陵寝门前搭戗桥。梓宫由戗桥上平台，进芦殿，安放在龙𫐐①上，北向。梓宫旁陈放册、宝，前设桌案，摆放祭品。礼部堂官奏请嗣皇帝到梓宫前祭酒三爵，每祭行一拜礼，众官随行礼。礼毕，皇帝回行宫。执事人等在銮仪卫校尉率领下，将大行皇帝的卤簿仪仗送到碑亭前纸锞堆处，与祭文、冠服一同焚化。

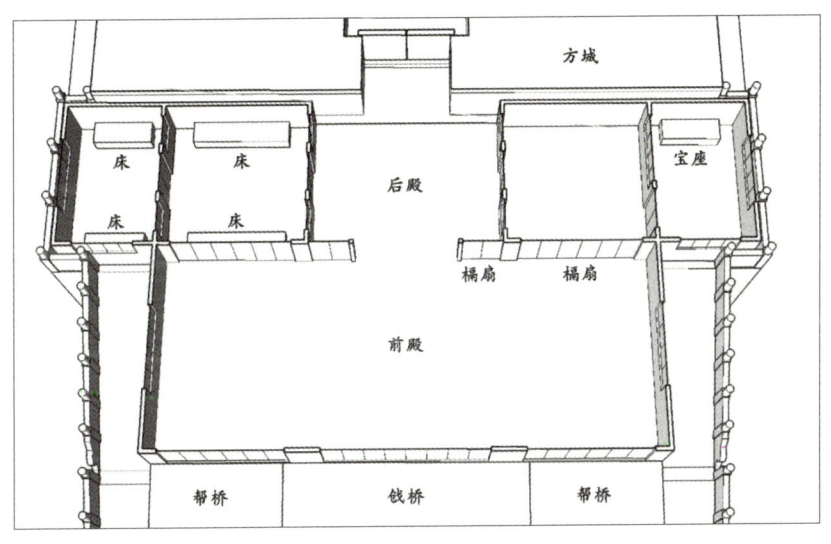

清朝帝后棺椁奉安地宫时方城前搭建的芦殿内景示意图

翌日，是梓宫正式入葬地宫的日子。文武百官齐集。奉册、宝大臣提前将册、宝放置在地宫内左右石几上。嗣皇帝在梓宫前举哀，祭酒三爵，每祭行一拜礼，众官随同举哀、行礼。

---

① 龙𫐐（chūn）：运载棺椁进入地宫的专用车。

钦天监官员报吉时到。嗣皇帝恭引载着梓宫的龙辀缓缓进入地宫，太监在前面持灯引导。经嗣皇帝批准的随入地宫的王公大臣在龙辀后随行。地宫内各券门内外地面都铺有与门槛等高的木轨，这样就可以使龙辀通过各道门时平稳无阻。嗣皇帝敬视梓宫永安于宝床之上后，退出地宫，众大臣也随着退出。执事人员及工匠安好龙山石，取出木轨，掩闭石门。嗣皇帝到石五供前举哀，祭酒三爵，每祭行一拜礼。众大臣随同举哀、行礼。是日以永安大典礼成，遣官告祭各陵及后土之神、山神。至此，皇帝梓宫永安山陵大典全部结束。

皇后梓宫的永安大典逊于皇帝的永安大典。

奉安光绪帝、孝定景皇后棺椁时，由于宣统帝年幼，当时并未参加奉安大典，但奉安仪式应大同小异，不会有大的改变。

1913年12月13日，光绪帝和孝定景皇后的梓宫按照旧制同时葬入了崇陵地宫，这对生前如同陌生人的夫妻，死后终于可以在地宫里于另一个世界共同生活，直到地宫被盗。

一个迂腐的老头

本来，皇帝、皇后的奉安典礼是最庄严肃穆的礼仪，不得有丝毫的松懈和亵渎。然而，光绪帝后的奉安过程中，却发生了一件令人震惊的"陪葬"闹剧，即当光绪帝、孝定景皇后葬入地宫后，别的王公大臣等都退出地宫，准备关闭石门，却发现有一个老头瘫坐在地宫里不动，两眼望着光绪帝的梓宫发呆，痛哭流泪，不肯离去。无论人们怎么劝说，此人就是不言不语。这时他的随从忽然想起他曾经说过皇上奉安时要殉葬之类的话，人们怕他干出愚忠的事情，急忙把他背出了地宫，送回梁格庄住处，这个人就是清朝遗臣梁鼎芬。

梁鼎芬，字星海，号节庵，生于咸丰九年（1859），广东省番禺县人。他少年得志，博学且有奇才，但性格十分怪异，是晚清著名的"一根筋"，人称"梁疯子"。光绪六年（1880）中进士，授编修。中法战争时，他弹劾北洋大臣、大学士李鸿章，以妄劾罪被严加议处，降五级调用。他与张之洞关系甚密，是张之洞的重要幕僚，深得张之洞的重用。后来，经端方、张之洞推荐，梁鼎芬先后

梁鼎芬像

任知州、知府、道员、按察使、署布政使。光绪三十二年（1906）入觐时，他当着光绪帝的面弹劾庆亲王奕劻收受贿赂。他还弹劾直隶总督袁世凯，以至于在民国初年差点遭到刺杀。光绪三十四年（1908）十月，光绪帝和慈禧相继崩逝，梁鼎芬曾"赴阙哭临，越日即回"。

梁鼎芬晚年对清王朝的愚忠在当时是很有名的，他对皇帝的忠心和情感，超过了皇亲国戚、王公大臣。例如，光绪帝梓宫在梁格庄行宫暂安期间，王公大臣分成六班轮流守护梓宫，祭奠行

礼。每逢节日和忌辰，六班王公大臣才齐集一次，祭祀行礼。唯有梁鼎芬长期居住在公所里，虽然他有一条行动不便的病腿，但不论哪班，他都随班祭奠行礼，风雨不误。每次举哀，极为哀恸，出于至诚，在梓宫前长跪不起，使在场的人无不动容，深感他的忠诚。

清朝初期，皇帝死后，为了让其死后在另一个世界也有人服侍陪伴，不仅一些太监、宫女会被殉葬，就是一些后妃、大臣也会被陪葬，其中努尔哈赤死后，他的大妃阿巴亥就被迫自杀殉葬。顺治帝死后，也有妃子和侍臣主动自杀殉葬。但这种违反人道的制度自康熙朝以后就被禁止了，那么梁鼎芬为什么还要陪殉呢？

原来，古代做臣子的如果在死后被赐陪葬皇陵，那是一种荣耀，是一件对自己对家族都是很光荣的事情。而对于做臣子的来讲，死后能陪葬在帝王陵旁，表达了侍奉帝王的忠心。作为清朝遗老，梁鼎芬的陪葬遗愿则是表达出他对大清的留恋和对光绪帝的忠心和赤诚。

正因如此，梁鼎芬的愚忠打动了清皇室，溥仪接受了这位遗老的表现，在"陪殉"事件之后，派他守护崇陵，并办理崇陵的种植仪树等事宜。

梁鼎芬尽职尽责，自筹款项，选吉期种树，在给缪艺风（荃孙）的信中说："奉到内务府来咨，崇陵种树吉期，遵

梁鼎芬植树像

旨谨择于二月初九日辰时破土,十一日申时栽种树株大吉。"经过他的带头和努力,前后三年时间,在崇陵的砂山、后宝山、陵院内外共栽植松树、柏树、桧树、杨树四万零六百零一株。

梁鼎芬本人对这段种树生涯也很珍惜,特意头戴红顶花翎大帽,身穿蟒袍补褂,脚蹬朝靴,手把锄头,站在一棵树苗旁边,摄影留念。

梁鼎芬对于大清和光绪帝的这种愚忠精神,不仅得到了清皇室的承认,也得到了清朝王公遗老的认可。

宁静被打破

"人生一世,终归尘土"。古往今来,帝王死后的葬礼都极尽奢华,也一直为别有用心之人所惦记。葬入地宫的光绪帝和他的皇后本应该在另一个世界里平平安安地继续享受荣华富贵,然而,由于他们的特殊身份及陵墓中陪葬了大量的珍宝,令盗墓者眼馋,最终遭到了被盗掘的悲惨结局。这真是死前命运坎坷,死后也得不到安宁,可悲可叹!

1938年的秋季,光绪帝的崇陵被盗掘,盗墓者为一伙身份不明的土匪。

为什么称盗墓者为"身份不明的土匪"呢?这是因为至今也只知道盗掘崇陵的是一伙土匪,具体是哪些土匪,正式档案上并无记载。民间传说倒是很多,有的说是一股叫"察南黑马队"的土匪,也有的说是别的土匪。

据说,盗墓者在崇陵方城哑巴院的琉璃影壁下撬开砖石,挖了一个很深的洞，再通过影壁下方往上挖，形成一个U字形的盗洞，这样就绕开了坚固的挡券墙（"金刚墙"），进入了地宫隧道。然后用木片从门缝中拨开石门后的顶门石，毫不费力地就进入了地宫。他们用斧头把光绪帝棺椁的正面砍开一个大洞，把光绪帝尸体拖至棺外，取走棺内随葬宝物。同时揭开孝定景皇后的棺椁棺盖，盗走随葬品。

对于崇陵的被盗，很多人提出这样一个问题：清西陵建有四座皇帝陵，其中，规模最大的是雍正帝的泰陵，随葬品比较少的是光绪帝的崇陵。那为什么盗墓者会盯上崇陵呢？

其实原因很简单，就是崇陵位置偏僻，防护最弱，盗掘起来更方便。

崇陵被盗时，西陵东边的易县县城已被日军占据，西陵的西面是晋察冀边区，西陵正好处在日军与八路军的中间地带。而崇陵在西陵中心区的偏东北方向，位置符合远离驻军的要求，而崇陵与同处偏僻地段的道光帝慕陵相比，更为隐秘。因此，崇陵被盗就在所难免了。

清西陵平面示意图

第四章 死者安息的场所

第五章
地下宫殿悄然打开

本来，雍正帝的泰陵是清西陵中规模最大、随葬品最丰富的帝陵，在20世纪70年代末80年代初全国热衷于开放帝王陵的热潮中，清西陵管理者打算开启泰陵地宫并对外开放，但后来由于一些原因，国家文物局制止了发掘泰陵地宫的计划。但清西陵管理者并不灰心，将目光转向了确认已经被盗的崇陵。于是，崇陵地宫的秘密最终展现在人们的面前。

由泰陵转战崇陵

自20世纪50年代明十三陵定陵地宫开启之后，由于缺乏文物保护技术、设备，国家不再允许主动挖掘帝王陵。清东陵之所以能在这种背景下打开地宫，原因就是地宫已经被盗，出于抢救性保护的目的而进行清理。

1980年春，清西陵文物馆保管所申请清理雍正帝的泰陵，理由简单，且与清东陵清理地宫雷同——泰陵地宫被盗过。泰陵哑巴院琉璃影壁右前方有一个盗洞，洞内填满烂砖碎瓦和垃圾。泰陵的这个盗洞存在已久，人所共知，已不是什么秘密，很多当地的老年人都说，他们十几岁时到这里来玩儿时就看到有这个大窟窿。因此，为了抢救性保护文物，开启并清理泰陵地宫，势在必行。

事实上，清西陵文物保管所果然不负众望，向上级领导单位——河北省文化局递交了一份《关于抢救挖掘泰陵地宫的请示报告》，要求挖开泰陵地宫，保护地宫文物。接到请示后，河北省文化局特别重视，当天下午就召开党组会专题研究，会议最终决定由文物处负责起草申请，报送国家文物局。国家文物局为了响应国家的政策、满足人们日益增长的文化需求，欣然同意了河北省文化局文物处《关于抢救挖掘泰陵地宫的申请》，并特别强调保护出土文物和破解雍正帝"金头之谜"两个方面。

1980年4月8日，河北省、保定市、易县文化局和清西陵文物保管所联合挖掘泰陵地宫。但在实际的发掘中发现，盗洞只深入到地下两米左右便消失了——这是一个没能打通地宫、失败的盗洞。同时专家鉴定这一盗洞并非近日形成，应该是1949年10月前盗贼所为，所以泰陵既没有被盗迹象，暂时也没有被盗危险。是否继续挖下去的问题摆在了人们面前，如果继续挖下去，不仅可以解开"金头之谜"，还有可能成为1980年度的考古新发现。正在此时，《北京晚报》编发了一则《雍正泰陵没有被盗》的新闻。这个消息立刻轰动了全国，被社科院考古所所长夏鼐先生获知，他主张立刻停止发掘，并得到国家文物局的支持。国家文物局局长任质斌、副局长孙仙逸陪同夏鼐先生来到清西陵，现场考察后，严厉批评了继续挖掘泰陵地宫的想法，并下令将盗洞回填。

泰陵哑巴院

泰陵地宫挖掘的被制止，这对清西陵管理者的打击是巨大的。国家文物局的领导对清西陵的管理者说："如果有被盗的陵，你们可以试探地挖掘一下，如果真的被盗了，给国家文物局写一个请示报告，经过国家文物局专家现场查看后，就可以正式挖掘了！"清西陵管理者当即表示"光绪皇帝的崇陵地宫肯定被盗过"。

1980年4月17日，省地县的领导亲临现场和几位文物专业工作者一起开始对崇陵的盗洞进行试掘。人们用铁锹和镐头顺着琉璃影壁下面的盗洞的填砖往下清理，挖出了很多碎砖和泥土，并用抬筐运走。由于盗洞内的砖填得不实，有空隙，雨水往下渗，清理完填砖后，盗洞底部存有约半米深的积水。于是，有人找来脸盆和水桶，一盆一桶地将渗水掏干。地宫内的凉气顺着洞口袭来，盗洞很小，只能容一人进入，于是大家便轮流下到盗洞里面观看。在盗洞里，人们借助手电筒光柱可以隐约看到：地宫内四道石门的东扇门均被打开，又派人下到地宫内查看，发现地宫内的两具棺椁虽仍然安放在宝床上，但已面目全非。其中一具棺椁的正面被打开一个大窟窿，尸体被拉出棺椁之外，斜躺在宝床前；另一具尸体的棺椁盖被掀开，横在旁边棺椁上面；地宫内一片狼藉，散乱地丢弃着一些木箱残片。

经过查看被盗现场后，崇陵地宫被盗已被证实，人们立刻把试掘出来的盗洞进行了回填，在场的领导立即决定向国家文物局提出清理崇陵地宫的申请。河北省文化局文物管理处董增凯处长用电话向国家文物局领导汇报了崇陵地宫被盗的具体情况并提出了申请，第二天国家文物局的专家就来到了探掘现场，证实崇陵地宫确实被盗过无疑。

发现金刚墙

对于这次申请，清西陵管理者深信国家文物局能够批准。因此，为了实现愿望，成功开启崇陵地宫，他们除了做好充分的思想准备外，还在实际行动上做了一系列必要的准备工作——组建了强大的领导班子和技术全面的考古工作队。参加人员为：

河北省文物管理处：董增凯（处长）

河北省古建队：赵辉（队长）

保定地区文化局：付讫（局长）

夏青海（技术员）、张金茹（技术员）

易县文化局：陈宝蓉（副局长）

清西陵文物保管所：伊淑敏等（职工）

当地驻军58011部队几十名官兵

为了快速顺利地开展地宫发掘工作，清西陵文物保管所派人做了大量发掘前的先期准备工作。他们测量了地宫隧道的方向——偏北20度，在隧道开掘前，对其所处位置的方城、明楼、月牙城进行了平面测绘、拍照，以保存、记录发掘中将要消失的有关资料。为了发掘完工后更好、更准确地将地面砖石建筑复原，技术人员先把神路中间每块条石编号，丈量其尺寸，记录下平砖、立砖及牙子砖的铺墁方式，并绘出了图样。为了防止琉璃影壁墙因在其下面挖开一个大深洞而塌陷或倾倒，提前用钢筋水泥浇铸了一根长长的过梁，准备发掘地宫隧道时将其安放在影壁墙下方，使之承托影壁墙的重量。

经过国家文物局批准，1980年6月15日至7月26日，清西陵对崇陵地宫进行了抢救性考古发掘。

6月15日，担当主要发掘清理工作的工作队伍，在专家的指导下开始了中国考古史上第二座清朝帝王陵的开启工作。

崇陵地宫的盗口在哑巴院内的琉璃影壁下面，位于中间条石西部，南北宽0.99米，东西长1.46米。

什么是哑巴院呢？站在明楼前，向北穿过明楼下的方城隧道券，就进入一个小院，这个小院位于方城和宝顶之间，被称为"哑巴院"。小院的北墙正中贴砌着一个琉璃影壁，这道北墙被称作"月牙城"。院内地面上设有两个七星沟漏，通过地下两条暗沟，将哑巴院内的雨水直接排到宝城以外。院子东西

崇陵哑巴院（俯瞰）

两端各有一座砖砌的转向磴道，拾级而上，可登上明楼、宝顶。这个小院看起来没有什么奇特之处，好似只是专门为登临方城、宝顶而设立的，实际上却非同一般。其中的琉璃影壁表面上看只是起到美化装饰作用，类似平常百姓家的影壁墙，可实际上，这个琉璃影壁起着遮挡地宫入口的重要作用。院内神路下面是进入地宫的斜坡墓道，昔日帝后妃的棺椁就是从这个斜坡慢慢送进地宫的。历朝封建帝王大都实行厚葬，死后把大量奇珍异宝带入自己的地宫。哑巴院是地宫入口的所在，是棺椁的必经之处。因此，要想有效防止地宫被盗，地宫入口的保密工作自然就成为关键。传说营建陵寝时，为了保守地宫入口的秘密，凡哑巴院建造工程所用的工匠、壮工都是哑巴。他们白天休息，夜间施工，上工下工的路上都被蒙上眼睛，不准看到途径。完工后，再把他们遣送到人烟稀少的边远地区居住。因为这个院子是哑巴修建的，所以叫"哑巴院"。其实这只是传说而已，不足为凭。当时皇陵的承修大臣们不会如此头脑简单，哑巴虽然不能说话，但他们之中不乏会写字、绘图之人，用手势打哑语更是普遍，所以完全可以把地宫入口的秘密泄露出去。那么究竟为什么把这个院叫"哑巴院"呢？原来在古建筑中，往往把一些隐蔽、不易看到的

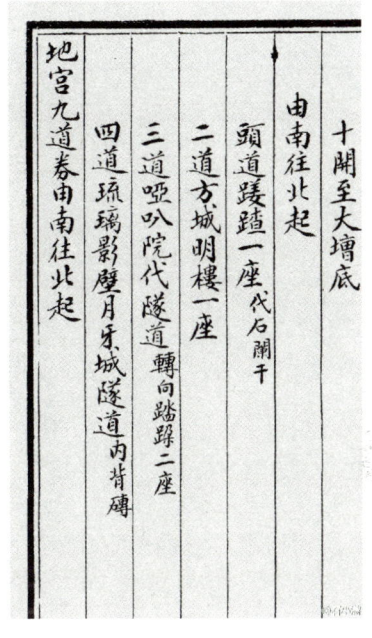

档案中记载的哑巴院与月牙城之间关系

部位、构件称为"哑巴××"，如哑巴椽、哑巴当等。这个小院因为十分隐蔽，只有穿过方城隧道才能看到，所以称为哑巴院。

哑巴院的琉璃影壁墙前面的神路下面是进入地宫的斜坡墓道，南端的起点在方城隧道券内。按照一般的顺序，发掘应在墓道的起点开始，然后逐渐进入地宫。但是，由于盗洞在琉璃影壁下，所以清西陵决定从琉璃影壁墙下面开挖。为了安全，保护琉璃影壁墙不坍塌，先用铁撬杆和镐头起掉神路的中心石和牙石以及其间的墁砖，然后再起条石下面的平墁砖和灰土。神路下面全部是用长方形砖填砌。当挖到大约一米深时，在琉璃影壁墙的下面用大锤和铁撬杆打出了一个洞，将事先做好的水泥过梁移放到下面。由于哑巴院内地方狭窄，水泥过梁重4000多斤，又不能用吊车，

只能人力操作，于是人们想出了很多办法，用捯链、滚木、撬杠等，终于安全稳妥地将过梁塞到了琉璃影壁的下面，把影壁墙架托起来。处理好了安全隐患问题，人们才正式在整个隧道内施工。

在施工的过程中，考古人员充分发挥了聪明才智。

首先，人们清除方城隧道券内地面上铺墁的条石。开始只用撬棍起出，再用滚木和撬杠往外移，这样干非常吃力。后来，有人想出了好办法，把撬杠放在条石的下面，再用大绳套上条石往外拉，因为撬杠的一头稍稍有点弯钩，正好控制住条石的边缘，一拉条石，撬杠就跟着走，既省工又省力。

其次，起神路砖石和下面的三合土最开始用土筐往外抬，一块砖有40多斤重，每次抬4块，就是近200斤，还要从较为陡峭的数米高的台阶坡上走下来，这样不但辛苦，而且工作效率很低，于是有人想到利用滑梯的原理，从方城前的月台上西边的石栏杆至玉带河外架起一条陡坡木架，然后用小车把砖运到木架旁，再把砖搬到木架上，砖就会顺着木架斜坡自然滑落到地面。

崇陵墓道是从方城门洞券内地面的中心条石开始的，往琉璃影壁方向，由南到

崇陵地宫清理发掘现场：搭架子撑托照壁

北向下形成斜坡状，由最南端的深度为0.1米开始，越往北越深，到最北的琉璃影壁下已深达2.9米左右。整条墓道长10.25米、宽3.8米，共填砖22层，22层下面是用澄浆砖立墁的台阶，台阶下是夯土。方城门洞券下的墓道地面是石台阶，哑巴院下的墓道地面为砖台阶。

在墓道砌填砖清走后，往北看，呈现在人们面前的是一道用条石砌的石墙，档案上叫挡券墙，俗称"金刚墙"。这是为了保护地宫或者说是为了彻底封闭地宫隧道券入口而砌起来的一道特别坚固的墙，是进入地宫的第一道屏障。挡券墙的位置在影壁墙下的石券顶处，也可以说是在月牙城的正下方，用长短不等的长条石砌成，共计12层。挡券墙里侧还有一道砖墙，有14层砖。

地宫建筑是从斜坡墓道开始的，进了挡券墙，里面就是地宫的隧道券，隧道券为砖砌礓磜。穿过挡券墙，进了隧道券才算开始进入地宫。考古人员在挡券墙下面发现了一个盗洞。原来，由于挡券墙特别坚固，挖掘崇陵的盗匪们很狡猾，他们没有拆掉这道挡券墙，而是在挡券墙下面挖了一个

崇陵地宫清理发掘现场：拆金刚墙

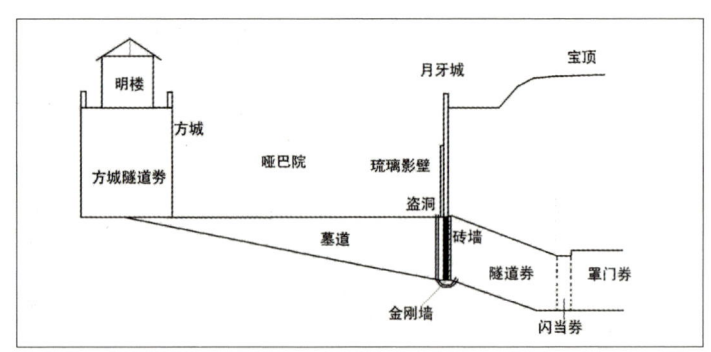

崇陵哑巴院盗洞示意图

大约 0.4 米的盗洞，从挡券墙的下面爬进了地宫。所以，这可以说是不幸中的万幸，挡券墙丝毫未损。挡券墙在地宫建筑中除了起到保护和封闭地宫的作用外，还有另一层意义，就是告诉人们，进了这道墙之后，就已经置身于冥冥之中的阴间世界了，所以这道墙特别重要。

6月24日至26日，拆除挡券墙。刚开始拆挡券墙时，由于不懂挡券墙垒砌的方法，没少费力气。原来，人们像往常那样，用撬杆使劲撬搬挡券墙上的条石，试图通过力气与杠杆的简单原理来拆掉这道墙。但是这种简单方式，在坚固的挡券墙面前显得软弱无力。事实表明，这种方法毫无效果。尽管用了很长时间，费了很大力气，但挡券墙纹丝不动。人们的智慧是无穷的。经过多次努力失败后，考古人员被迫放弃这种方法，他们仿效当年的盗匪，从挡券墙下的盗洞钻进了地宫。然后，他们在里面用撬杆使顶部的一块石头错开了缝，然后用绳子套住那块条石，十多名施工战士齐声喊着口号，用了近十分钟的时间，才把这块条石拉了下来。这时，人们才发现，原来挡券墙的条石用卯榫对接构筑而成，条石的上下面有凹槽凸棱，上下两石紧扣，缝隙很小，结合得非常严密。其间还嵌有铁扒锔，将同一层的条石紧密相连，所以这挡券墙异常坚固。难怪当年逼得盗匪采取了挖地、钻洞、越墙的招数，才通过此墙的阻挡。知道了挡券墙这个特殊的砌法后，挡券墙很快就被拆除了。

崇陵地宫被盗遗迹

挡券墙的后面是地宫隧道券。在隧道券里，人们意外发现了五根已腐朽的杉木杆，其中，两根长5米，三根长3米，直径均为五六厘米。这些杉木杆是做什么用的呢？经过清陵专家的解释才知道，原来这是奉安帝后棺椁后留下的，当时为了保证将棺椁平安顺利运进地宫时使用的，由于时间匆忙没有取出。这也可以看出，当初奉安光绪帝和孝定景皇后棺椁时的场景是多么地混乱无序。

推开半开的石门

排除了挡券墙的阻碍之后，人们终于正式进入了崇陵地宫。在陵寝中，最重要、最神秘的地方莫过于地宫了。由于地宫规模宏大，体系完整，如同地面上的宫殿一样，所以人们把地宫称作"地下宫殿"。

中华人民共和国成立后对明定陵地宫的发掘，首次揭开了皇

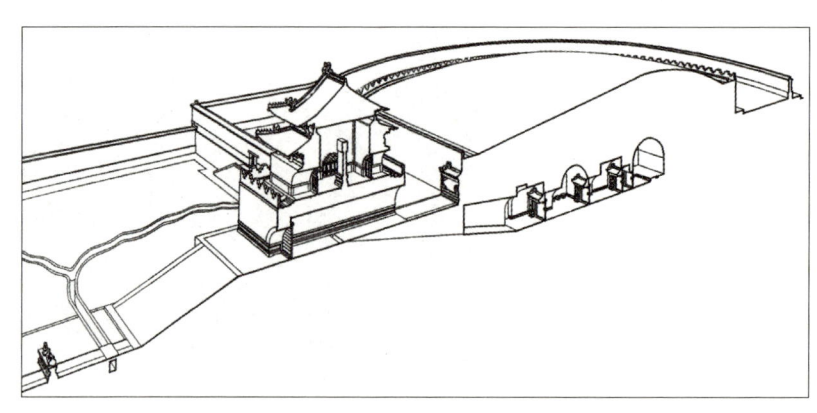

裕陵地宫剖面图（绘图　王其亨）

陵地宫的秘密。随后，清裕陵、慈禧陵、纯惠皇贵妃墓、容妃墓及崇陵地宫相继清理开放，进一步揭开了清皇陵地宫的神秘面纱。随着近年来对陵寝地宫研究工作的进一步深入，人们得以对清朝帝、后、妃陵寝的地宫有了较为详细的了解，即同为地宫，因墓主人的地位不同而规制相差悬殊，这体现了严格的等级差别。其中，清皇陵地宫按类型可分为皇帝型地宫、皇后型地宫、皇贵妃型地宫、妃型地宫、嫔型地宫和常在型地宫。

　　皇帝型地宫在陵寝地宫中规模最大、体系最为完整。其规制标准为"九券四门"，即由九个券和四道石门组成。这九个券由外至内依次为隧道券、闪当券、罩门券、第一道门洞券、明堂券、第二道门洞券、穿堂券、第三道门洞券、金券，其中除隧道券和闪当券为砖券外，其余七个券均为石券。帝、后的棺椁放在最后的金券内。四道石门有八个门扇，每门扇上雕刻一尊菩萨立像，称"八大菩萨"。在清朝皇帝陵中，迄今只确定乾隆帝的裕陵地宫和嘉庆帝的昌陵地宫内有佛教题材的各种图案及佛经咒语雕刻，其他陵寝均无。其中，道光帝对自己的陵寝地宫做了重大改革，改为四券二门，取消佛像经文雕刻，地宫顶部由琉璃瓦顶改为砖砌的蓑衣顶。道光帝慕陵的改制对后来的帝陵影响较大，慕陵以后建的定陵、惠陵、崇陵三座帝陵地宫均取消了经文佛像雕刻，顶部均为蓑衣顶，唯独沿用了九券四门和石门上雕刻八大菩萨的传统做法。

皇后型地宫比皇帝型地宫规模明显偏小。标准规制的皇后陵地宫为五券二门，即隧道券、闪当券、罩门券、门洞券、金券。前两券为砖券，后三券为石券。有两道石门，门扇上刻衔环铺首，无菩萨像雕刻。昌西陵和慕东陵地宫规制缩减，裁撤了隧道券、闪当券，将第二道石门券改为梓券。梓券就是一个拱券式门口，无门扇，作为门洞券与金券之间的过渡空间。这两座陵地宫的规制缩减与地面建筑规制缩减的理由一样，是因为当时国家的财政十分紧张。清朝皇后型地宫内一般无佛像经文等石雕刻，现在只确定了乾隆帝生母孝圣宪皇后的泰东陵地宫内有雕刻，这与当时国力强盛有直接关系。

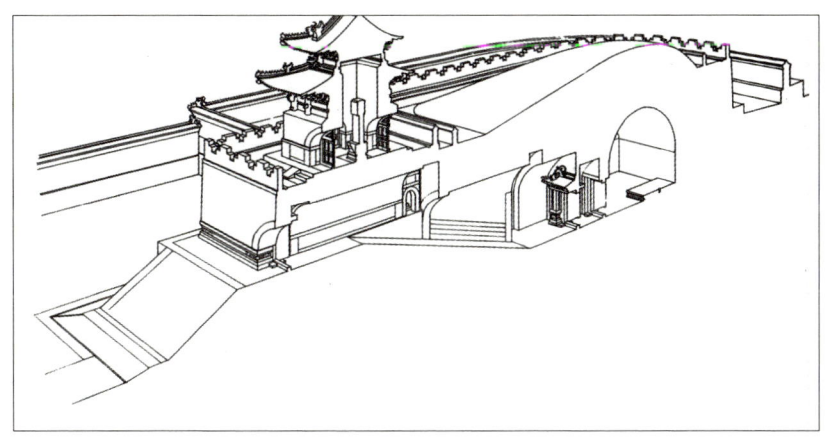

慈禧陵地宫剖面图（绘图　王其亨）

皇贵妃型地宫规制，建有隧道券、闪当券、罩门券、门洞券、石门、梓券、金券，地宫内无石雕刻。景陵皇贵妃园寝（俗称"双妃园寝""双妃陵"）和纯惠皇贵妃墓地宫因建

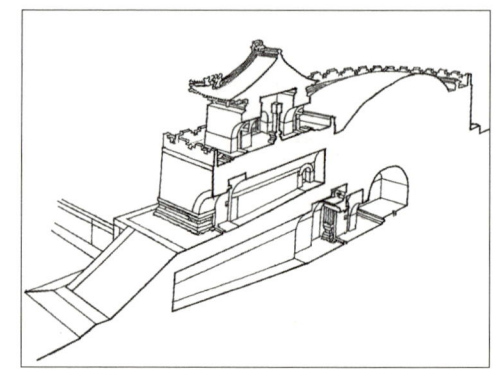

纯惠皇贵妃地宫剖面图（绘图 王其亨）

于清鼎盛时期的乾隆朝，是标准的皇贵妃型地宫。

妃型地宫使用者为贵妃、妃，其规制为罩门券、梓券、金券，有石门一道。除罩门券为砖券外，其余均为石券。

嫔型地宫为砖券，使用者为嫔和贵人，其地宫除了有夯土斜坡墓道和砖砌的墓室外，无石门和妃型地宫那些券。棺床也是用砖砌，棺床上有气眼。墓主人入葬后，在墓室前砌挡券墙一道，将墓室与墓道隔离，以此封闭地宫。

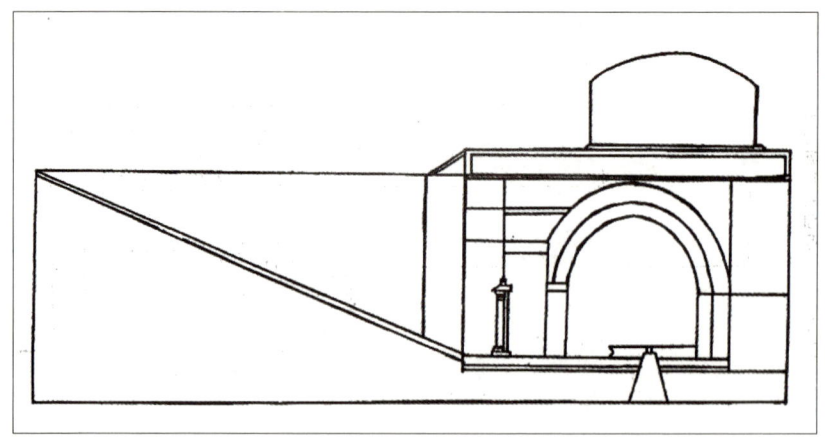

妃型地宫剖面图（绘图 王其亨）

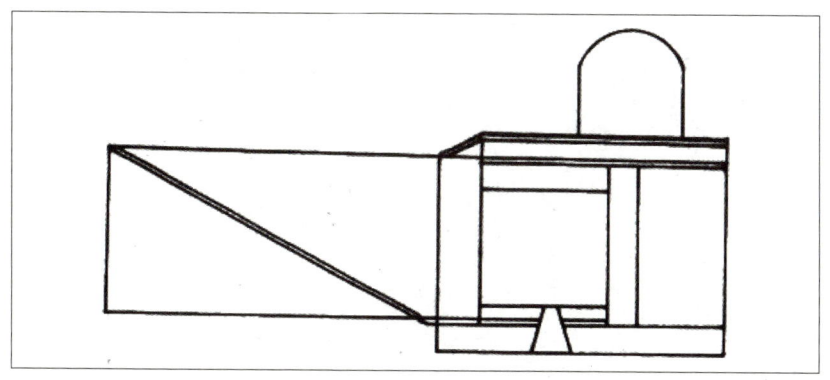

嫔型地宫剖面图（绘图　王其亨）

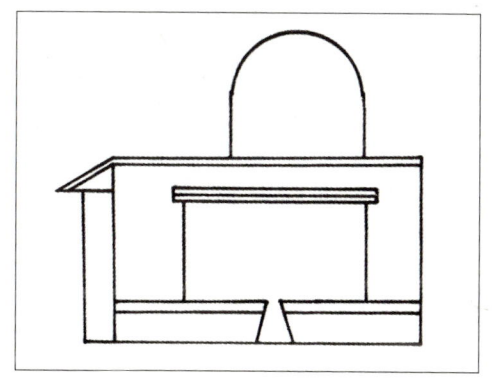

常在型地宫使用者为常在和答应，其地宫均为砖砌天落池，无墓道和任何券，石门也没有，就是一个用砖砌成的简简单单的长方形池子。入葬时，棺椁由池口从上落下，然后用条

常在型地宫砖池剖面图（绘图　王其亨）

石盖上池口，建造月台和宝顶。

崇陵地宫是标准的皇帝型地宫，其结构由外至内依次为隧道券、闪当券、罩门券、第一道门洞券、明堂券、第二道门洞券、穿堂券、第三道门洞券和金券。

六月的天气在北方已经酷热，但是在崇陵地宫内却是寒气袭人。地宫内外的巨大温差，令外面的热空气遇到低温凝结成水汽，因此地宫石壁上全是水滴，地面上满是泥泞，地宫的空气很是潮湿。显然，不清除地宫内的积水、潮气，无法开展地宫的清理考

崇陵地宫从里向外观看时的情景

崇陵地宫开启时石门的情形（老照片）

古工作。这时候，人们发现了电视台的设备，顿时来了灵感。原来，为了拍摄开启光绪帝的崇陵地宫纪录片，河北电视台配置了一台16毫米摄影机、一辆发电车、四个双联装碘钨灯，以及一台长城135照相机，文物部门的工作人员也携带了一台双镜头照相机。其中，双联装碘钨灯这种照明灯瓦数大，打开后热力强劲，于是工作人员与电视台商量利用照明灯烘烤地宫潮气。效果非常理想，经过数个小时的烘烤和清理地面，人们终于可以清理崇陵地宫了。

进入地宫的有文物部门的两名工作人员，还有部队的工兵一人、军医一人，以及电视台的两名记者。人们在电工的帮助下，很快架设起临时照明用的灯光，他们发现第一道石门的西门扇关闭着，其背后的自来石依然牢牢地顶着。东边的石门扇开着一个缝，只能进出一人。两扇石门上分别雕刻着佛像，石门上门槛的内侧安装着铜管扇。石制的门簪表面上雕刻有龙纹，门上留有盗墓人撬门的痕迹，第二、三道石门也是这样。原来，盗墓的匪徒很熟悉陵寝石门的构造，通过两道石门间的缝隙，把顶门石移动错位到西扇门后面，然后推开东扇石门而进入地宫。靠近门轴的石门槛上有遗弃的绳子和大砖。发掘队的人员推开东扇石门，进入地宫，移开顶门石，将西扇石门打开。其余三道石门如法炮制。在第四道石门外面放有六块城砖，其中四块整砖、两块半截砖，砖与墓道填砖一样。据专家分析，这几块砖可能是盗墓者从隧道外搬进来作为盗墓工具用的，具体如何使用，其作用不得而知。

地宫内的四道石门，每道石门有两扇石门，每扇石门的正面均浮雕一尊菩萨立像。八扇石门的正面还雕刻有兽面衔环铺首，石门背面没有雕刻任何图案。石门背面与外面铺首相对称的地方凸起部分叫"磕绊"，自来石上端就顶在磕绊的下面，自来石的下端戳在地面上的凹槽中，以此顶住石门。值得注意的是，因为匪徒熟悉石门结构，用铁杆、木片之类的东西将自来石由东扇慢慢拨向西扇，推开东扇石门进入地宫的。因此崇陵地宫的四根自来石保存完整。

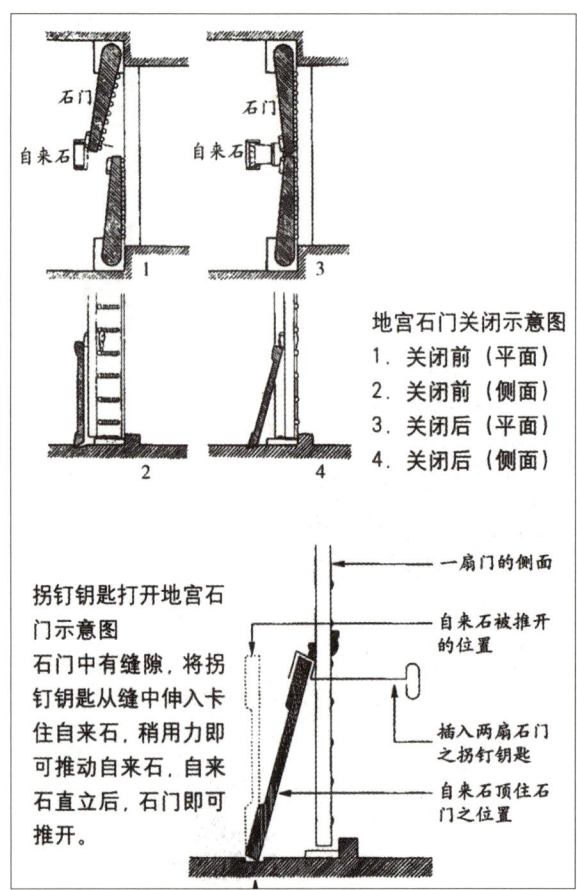

地宫石门与自来石示意图(绘图　王其亨)

崇陵地宫金券内的自来石

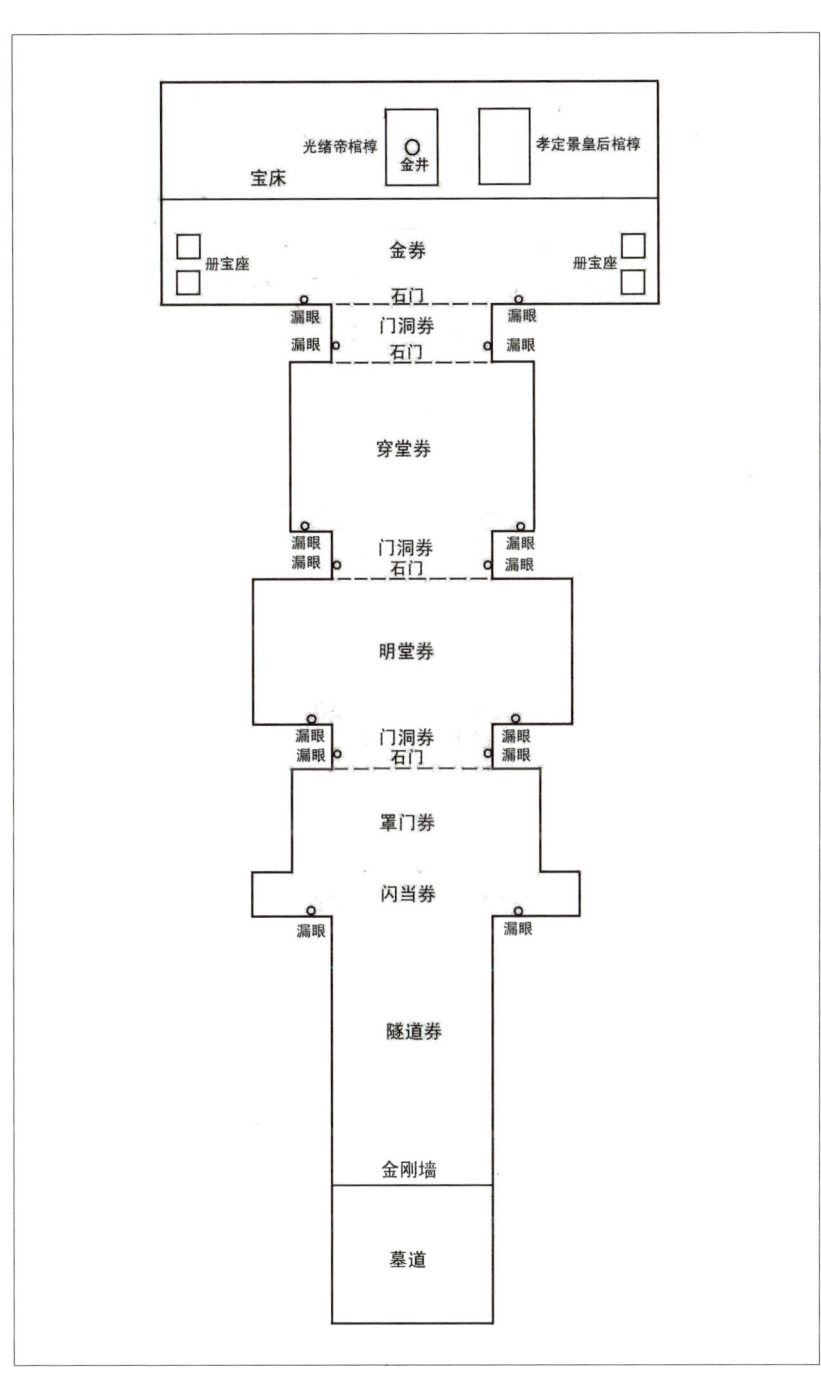

崇陵地宫平面示意图（绘图　徐鑫）

崇陵地宫分别在金券、门洞券、穿堂券、明堂券、闪当券等七处的左右对称位置设有十四个漏眼,它们与设在地下的两条龙须沟相通,用以排泄地宫渗水。

崇陵地宫明堂券内的龙须沟眼

地宫的最核心部位是金券,金券的正面是安放棺椁的石床,又称"宝床"。石床为长方形仰俯莲须弥座,床面由五块素面青白石铺成。光绪帝和孝定景皇后的棺椁安放在金券的石床上。石床的正中是光绪帝棺椁,左侧(东面)是孝定景皇后棺椁。

棺椁的四角各有四块龙山石,又称"卡棺石",用以倚住棺椁,使之不能移动。崇陵地宫有龙山石十六块,进入地宫时,有些龙山石已经被推倒在宝床之下。地宫中的龙山石,作用是固定棺椁,通过本身的重量夹紧和卡住棺椁,使之不能移动。崇陵地宫的龙山石与已经开放的其他陵寝地宫的龙山石在制作手法上和使用上有所不同。已经开放的裕陵、慈禧陵地宫(慈禧陵地宫的龙山石做好了未用,现存于慈禧陵的神厨库院内),每具棺椁用四块龙山石,每角用一块。龙山石平面为直角形,有竖向凹槽和横向凹槽,外侧浮雕彩云和飞龙。棺椁四角的竖棱嵌入龙山石的竖向凹槽,棺椁的前后底边被龙山石的横向槽压住。龙山石下面有一个榫,插入石棺床方孔中。孔口为长方形,一端口小底大。龙山石的榫,根细头大,榫插入方孔中向小口那端一推,榫就拔不出来了。棺椁既不能前后左右移动,也不能上起,

崇陵地宫内的龙山石

裕陵地宫金券棺床上的龙山石

菩陀峪定东陵（慈禧陵）之龙山石

十分牢固。而崇陵的龙山石，则每具棺椁用八块，即每个角两块，而且龙山石既没有横竖向凹槽，也没有榫，外侧的云龙不是雕刻而是彩画，由红、蓝、黑、黄、紫等颜色绘画出祥云和游龙的图案，光彩照人，十分美观。但这种龙山石只能起到倚挡作用，若与裕陵和慈禧陵的龙山石相比，无论在功用上，还是在工艺上都逊色很多。

在光绪帝棺椁靠北墙的那端棺床上，放置一个汉白玉石制的瓶塞状圆柱体，上面雕刻有兽头，此为金井盖，其功能是棺椁未葬入前盖住金井，有镇墓的作用。光绪帝棺椁入葬地宫比较匆忙，此金井盖就留在了地宫中。这是人们第一次见到金井盖实物，文物价值较高。

崇陵地宫秉承清陵特点，地宫的棺椁之外没有陪葬大量珍宝。随葬物品都在棺内，大部分随葬品被盗走，仅遗留了少数细小物件。

光绪帝棺椁下面有一眼金井，金井内的随葬品完整保留了下来，这可能是盗墓匪徒对地宫棺床结构和葬制不了解造成的。

崇陵地宫金井兽盖头

崇陵地宫金券内的东侧册宝座

金券石床南面的东西两侧各有两个石座，石座为正方形须弥座，这是放置香宝、香册的地方。

崇陵地宫的开启，为人们了解崇陵被盗情况以及日后研究光绪帝死因，打下了基础并提供了必要的条件。

第六章
地宫里面的困惑

人们进入地宫后发现，崇陵地宫石门的雕刻有点怪怪的，甚至有的菩萨雕像长有胡须。更令人奇怪的是，地宫深处的金券里，满地散有破木板和箱子，地宫内的随葬品却寥寥无几。

石门菩萨胡须之谜

陵寝地宫的石门是保护地宫主人的最后一道建筑防线，其作用及重要性不言而喻。

在目前已知的帝王陵寝的地宫中，明朝陵寝的地宫以规模宏大、构造复杂著称。例如，明万历帝朱翊钧的定陵地宫完全用巨石拱券而成，其由前、中、后、左、右五座高大宽敞的殿堂组成，总面积达1195平方米，无一梁柱。地宫设有七道石门，每道石门两扇，每扇石门上有八十一个门钉，刻兽面衔环铺首。但整座地宫内没有文字和图案雕刻，全部光素。

清朝陵寝地宫，则以结构紧凑、小巧精致实用见长。其中以乾隆帝裕陵地宫最为豪华、精美、富丽堂皇。这是因为乾隆时期是清朝的鼎盛时期，国库丰盈，财力雄厚，加之乾隆帝好大喜功，穷奢极欲，因此他的陵寝地宫最为豪华奢侈。以后则因为国势衰弱，内忧外患，国库空虚，财政捉襟见肘，陵寝规制逐渐收缩。从道光帝的慕陵开始，地宫内除了石门雕刻八大菩萨外再无其他经文佛像雕刻。由此可见，地宫石门雕刻菩萨，不仅是传统，更是必需的。这也是一种威慑盗墓贼的战术手段。

光绪帝崇陵的营建时间横跨清朝和民国两个不同的时期，虽然当时的财政十分困难，但崇陵的地宫仍然是按清朝传统的皇帝型地宫九券四门规制建造的，四道石门的八扇石门上各雕一尊菩萨立像，这八尊菩萨分别是文殊菩萨、大势至菩萨、观世音菩萨、地藏王菩萨、除盖障菩萨、虚空藏菩萨、慈氏菩萨、普贤菩萨。他们的排列顺序如下：

第一道石门：东扇石门上雕刻着代表大智的文殊菩萨。他右肩花上托着的宝剑，能断除烦恼，左肩花上托着的经卷，可使众生增长智慧。西扇石门上雕刻的是代表大力的大势至菩萨，其右肩花上托着的降魔杵，能驱散邪恶，左肩花上托着的法铃，可传播法音。

第二道石门：东扇石门上雕刻着代表大慈大悲的观世音菩萨，又称"观音菩萨"。他右肩花上托着的念珠，象征着佛诸无量。西扇石门上雕刻的是代表大愿的地藏王菩萨，其右肩花上托着的画卷，能满足众生无边之善愿。

第三道石门：东扇石门上雕刻着代表满足众生愿望的除盖障菩萨，他右肩花上托着的太阳，象征着光明。西扇石门上雕刻的

崇陵地宫第一道石门东门上的文殊菩萨像

崇陵地宫第一道石门西门上的大势至菩萨像

崇陵地宫第二道石门东门上的观世音菩萨像

崇陵地宫第二道石门西门上的地藏王菩萨像

崇陵地宫第三道石门东门上的除盖障菩萨像

崇陵地宫第三道石西门上的虚空藏菩萨像

崇陵地宫第四道石门东门上的慈氏菩萨像

崇陵地宫第四道石门西门上的普贤菩萨像

是代表诚实富有的虚空藏菩萨，其右肩花上托着的月牙儿，象征着清凉，能满足世间一切如法持戒者的善求善愿。

第四道石门：东扇石门上雕刻着代表大富贵的慈氏菩萨，他右肩花上托着的法轮，象征着勇于进取，誓不退转。西扇石门上雕刻的是代表大行的普贤菩萨，其右肩花上托着的法杵，能降服众妖魔鬼怪，成就一切善愿。

崇陵地宫石门上的这些菩萨雕像，名称和雕刻顺序与裕陵地宫相同。但裕陵地宫石门上的菩萨都是妙龄美女形象，而崇陵地宫石门上的菩萨则为男性，其中第二道石门上的观世音菩萨、地藏王菩萨还是带有长胡须的老年男性形象。

也有人说，崇陵地宫石门上的菩萨，除了第二道石门上的长胡须的菩萨为男性外，其余的三道石门上的菩萨也是女性。对于这种说法，笔者并不认可。因为对于一般绘制或者雕刻人物的性别，主要看脸部、身段和服饰。虽然崇陵地宫石门上雕刻的菩萨脸部不能很好地分辨性别，雕像的腰肢也均为一般模样，所穿服饰也是差不多的样式，但有三个细节需要注意：一是崇陵地宫菩萨腰肢与裕陵地宫石门所雕女性菩萨有显著区别，没有细腰和宽骨盆，根本看不出来是女性；二是崇陵地宫这四道石门上菩萨的脚均是又大又厚，脚脖子也很粗壮，很明显是男性而不是女性；三是既然第二道石门上的雕刻可以肯定是男性，而其腰肢与其他三道石门又是相仿，故此，其他三道石门上雕刻也应该是男性。

在佛学中，菩萨是不分性别的，无论其出身是男是女，当修成正果，成为法力无边、救苦救难的佛之后，其显示在人们面前的可以是女性形象，也可以是男性形象，即菩萨不再有性别的

崇陵地宫第二道石门东门上的观世音菩萨像细部

崇陵地宫第二道石门西门上的地藏王菩萨像细部

崇陵地宫第三道石门东门上的除盖障菩萨像下半部

崇陵地宫第三道石西门上的虚空藏菩萨像下半部

道光帝像

区分，是无性别的特殊人类群体。人们之所以在雕刻这些菩萨时赋予他们男女形象，是根据他们当初的出身而定，故此显现在人们面前时有男有女，有胖有瘦，有老人有年轻人。

既然如此，崇陵地宫雕刻这些菩萨为何改变原本传统女性形象而为男性呢？

对此，笔者认为，这与清皇室政治统治的思想变化有很大的关系。乾隆朝国富民强，天下太平，国泰民安，这一时期产生的雕刻作品，都是表示祥和温馨形态的艺术品。在乾隆朝后期，政治腐败，经济消退，社会动荡，但国家还算是基本完整，并没有受到外国列强的侵犯与政治的不平等对待，这种情况一直维持到道光朝。鸦片战争以及《南京条约》的签订，使中国开始慢慢沦

宝华峪地宫石门

为了半殖民地半封建社会。在这之后，也就是从道光帝开始，清陵建筑也发生了很大的变化，其中地宫内佛教装饰雕刻正式被取消了，石门上起装饰和心理保护状态的菩萨雕像也发生了历史性变化。从残留的道光帝东陵宝华峪地宫的石门来看，石门上菩萨雕像在这时期就已经变成男相了。也许清廷统治者认为，只有拥有男性的阳刚强壮之气，才能更好地整治中国并防御外国列强的侵犯，女性的柔美和温顺已经不适合当时的统治状况了，而且在以往人们的印象中，男性菩萨的法力往往大于女性，所以将石门上的八大菩萨均雕刻为男性。观世音菩萨是人们生活中最为熟悉的，故此将其女性形象改为有胡须的老年男性，期望大慈大悲的观世音菩萨，拯救和教化广大民众，顺从统治者的愿望。

历史在演变

中国的丧葬礼仪，体现了古人对人生的思考，也反映了一个时代经济和社会的发展状况，是中国社会文化的一种积淀。因此，丧葬礼仪是一个时期、一个时代的经济、政治、文化以及社会思想的反映，从中国丧葬礼仪的演变可以看出当时人们的社会观念以及伦理道德的变化。中国的丧葬礼仪源于一种灵魂不灭的思想，起源于旧石器晚期，当时一些小国或者地区已经出现了简单的丧葬礼俗。最为常见的习俗便是在死者身上或身边撒些赤铁矿粉，希望死者重生。这种礼仪成为当时最重要的葬礼之一。新石器时代后，人们便把许多生产工具放进死者的墓穴中，希望死后的人，在另一个世界中能够继续使用。

夏商周时期，丧葬中的孝道观念逐渐发展起来。这一时期，出现了中国历史上第一次厚葬高潮，人殉、牲殉习俗登峰造极。丧葬制度大约在周代就已经系统化和完整化了。春秋战国时期，中国传统的儒家丧葬礼仪逐渐形成，这种儒家丧葬礼仪在形式上隆重烦琐，等级森严，其基本程序有三十二项。而同一时期，坟丘、墓和陵的概念逐渐兴起，棺椁制度得到进一步发展。墓上建筑和陵园规划制度进一步完善，并因此丰富了丧葬礼仪的内涵。至此，中国丧葬礼仪随着社会的发展而逐渐确立下来，成为中国历史上历代王朝都很重视的一项制度。

中国以物陪葬的习俗古已有之。古代墓葬中的随葬器物被称为"冥器"，也称"明器"，多为生活实用物品或专为死者而制的，想象死者能在另一世界中使用。随葬品的多寡、级别在传统葬礼中标志着墓主的身份和地位。中国古代礼制对随葬品有所规定，随葬品要与死者生前身份、地位相应，超过了级别即为"逾制"。随葬品的出现与人们的社会意识、宗教信仰相关，随着灵魂不死观念的深入人心，人们普遍存有厚待死者，希望死者在阴间生活得更好的意识，而随葬品正是这种意识的产物。

冥器分为两类，一类是实用品，另一类是象征物。实用冥器包括衣食住行用具，如盘碗、衣帽、被褥、床桌、车马、书童、侍女、房屋、院落等实物或模型。象征物是观念的产物，最具代表性的是聚宝盆和摇钱树。早时，死者的随葬品多是生活用品，如粮食、工具、家畜、家禽等。人们认为死者虽死犹生，他还要像活人一样生活在另一个世界，因此应该让他带去生活必需品。后来，人们把死者供养起来，不让他们劳作，随葬品由生活必需品渐渐变成了奢侈品，如金银玉器、布帛绸缎、家具、物品、书画玩器、货币，供死者花销、享用。夏商时代的墓穴就有陪葬的人、兽、日用器物及金银玉器出土。战国至汉代早期厚葬之风大盛，许多王公贵族死后将大批他们生前所用的奴仆、器物随同下葬。然而"人死如灯灭"的事实，对人们意识的改变是明显的，既然人死后早晚要变为黄土，随葬品就未必要用实物，于是就出现了仿制的象征性的随葬品。因此，古代的冥器多为实物模型，用竹、木、陶木、布帛、锡箔纸等制作。宋代，纸做的冥器逐渐流行。一般来说，实物模型冥器可用于随葬，也可焚烧，纸做的冥器焚烧于坟头。此时所用的冥器严格来讲没有专门的特指，一般均是主人生前所用的实物。

中国出现第一次厚葬是在秦汉时期，当时帝王陵墓最为壮观。到两汉时期，丧葬礼仪有了进一步发展。墓穴中增添了艺术色彩。汉代，烧窑技术特别发达，砖或石头代替了先前的木料，成为墓室建筑的主要材料。权贵之家，多在坟墓前竖立墓碑，碑上刻有墓主人生平事迹。随葬品中有实物，也有仿制的"冥器"，少数财阀也把大量的金银、艺术品埋入地下。马王堆长沙国丞相轪侯利苍墓和中山靖王刘胜墓便是典型。到了汉代后期，厚葬之风日衰，这时已有采用替代品陪葬的例子了，如汉代墓出土的各种陶狗、陶羊、陶壶、陶猪舍等，这些才是真正意义上的冥器。到了隋唐时期，更有专门的厂家生产各类冥器，通过专门的店铺销售给有这方面的需要者，这种店铺当时称为"凶肆"。

隋唐时期，民间盛行厚葬之风，七七斋、风水、归葬等习俗流行。丧葬礼仪在这一时期逐渐被制度化、等级化、法制化，趋于完备和成熟。隋唐墓葬的高贵等级往往与墓主身份贵贱高低成正比。这一时期的墓葬中往往放有彩绘陶俑，墓壁上绘有青龙白虎，墓穹顶上绘有日月星辰。唐朝后期，随着战争与社会动乱，这种豪华排场的墓葬便消失了，墓道改为竖穴，墓室规模缩小。唐代的社会思想、社会文化杂糅周边民族文化精华，取长补短，兼容并纳，形成"大唐精神"。少数民族的丧葬礼仪受唐朝风俗的影响很大，因此汉族的丧葬礼仪模式中，也不乏具有自身民族性的礼仪风俗等，如吐蕃的天葬，南诏的火葬等。

宋元以后，因为陶瓷产品的普及程度大大提高，一般人家也用得起瓷器了，因此在陪葬时除了添加一些特类的带有祝福、求吉含义的冥器之外，也常将主人生前所用的数件器物一起下葬。前者如各种多角罐（吴越方言"多角"音类"多谷"，寓意吉祥），带盖塔瓶（内装谷子等，寓意"五谷丰登"）；后者如各类盘碗及供器等。也有些器物带有明显的地方特性，如明末清初时，南方的丧葬常采用将军罐来盛放主人的骨骸。

秦汉时期，随着儒学地位的确立，儒家提倡的三年之丧制度也得到推广，随后各代基本沿袭这一制度。明清时期的丧葬礼俗基本沿袭了唐宋的风格。明代丧葬礼仪的制定，依据《仪礼·士丧礼》，参考了唐代的《大唐开元礼》和南宋的《朱子家礼》，确定了官吏和庶民的丧礼程序，颁行天下。

清朝丧葬礼仪虽然沿袭了明代，但保留着一些满族葬俗。如：

报庙。过去，满族宗教有家庙，庙内藏有家谱。人死后，不放在炕上，而是立即在炕下架三块木板，将尸体头朝西放在上面，然后是报丧，同时家人在家谱中死者的名字旁画一道黑杠，就算"报庙"了。

穿寿衣。死者弥留之际，便更易新衣，俗称"穿寿衣"。灵床放在南炕前，头西脚东。断气之际，全家老小不许哭喊，静静地等候老人安静离开人世。

挂布幡。老人一咽气，首先在院子西南处竖起一个七米长的木杆子，木杆顶端悬挂大红布幡，俗称"魂幡"。布幡一经悬挂出去，亲朋故旧纷纷而来。在灵前叩头之后，男左女右，分列两旁，直到夜间。直系亲属、近友等还要轮流在灵前"守夜"。"守夜"的人不能睡觉，天冷时拢火堆取暖。丧家要准备酒和食品，供"守夜"的人饮用。

入殓。择吉日吉时举行入棺仪式。棺材放在南窗下，棺内糊纸，然后把筛过的土铺在底层，土上再铺一层黄纸，放上七个铜钱，这叫"垫背钱"。遗体从屋里抬出时，不准天日照死人，不准从房门抬出死人，因为房门是活人走的，忌讳死人经过。所以入殓处，用遮盖物支上棚。遗体由窗户抬出，长子抬头，其他儿子抱脚，装入棺材叫"入殓"。

停灵。停灵要根据家庭经济情况而定。人死停灵一七、三七、五七、七七不等。生活富裕的家庭，长辈人死可停灵七七四十九天，生活困难的家庭人死后随时出殡。后来一般都停灵三天，分大三、小三。"小三"指晚上死时就算一天，"大三"指晚上死不算一天，而且入殓和出殡同时进行。停灵时，孝子不能离开灵棚，朝夕守灵。

出殡与下葬。下葬那天一大早，就要派人到祖坟地"打井子"，先由外姓人把锹土取出放在一边，准备下葬时使用，然后大家一起往下挖，挖到二尺八寸深，就不往下挖了。灵柩出发叫"出殡"，皇家叫"发引"。出殡开始，首先要把布幡从木杆上取下来，孝子或孝孙举起布幡走在灵柩前面，作为引路。起灵后，摔丧盆子，吹喇叭，红布幡在前头引路，各种纸扎物（纸人纸马等）跟在后面，一边走一边撒纸钱。人们到达墓地，先在地上横放两根短圆木，将灵柩落在短圆木上。之后，大家开始抢撕那块布幡，由于人多，以礼都应得上一块，因此撕得很碎。死者生前养的猎狗和使用的弓箭，也要在火中焚化，将灰埋在灵前脚底下。

烧饭。送丧后，在坟前摆供桌，烧纸，浇酒，然后，将馒头、肉菜一起烧掉，谓之"烧饭"。"烧饭"有周年之俗，葬后七天、四十九天、一百天和周年各烧一次，连续烧三年。

由于满族早先是游牧民族，实行的是火化，因此没有什么陪葬的冥器。清朝皇陵与明朝皇陵比较，除了建筑规模大为缩减外，变化最大的就是皇陵地宫中的陪葬物品。清朝皇陵地宫中，陪葬物品除了金井内物品和香册、香宝外，就是那些随葬在死者棺椁内的物品，而且绝大多数都是生活用品、衣服和被，珍宝玉器仅是一小部分。

崇陵地宫的开启，再次证明了清朝皇陵丧葬礼仪、随葬品制度与史载一致。

地宫藏宝之谜

当考古工作者走进崇陵地宫金券时，呈现在人们眼前的是棺床上的两具棺椁和东倒西歪地散落在棺床上下的龙山石以及满地的棺椁碎木板和几个木箱子。箱子已经残破，里面什么也没有。从残存的箱子木板看，木箱表面用金漆涂饰，上有花纹图案，箱子的合叶、扣吊都是铜的。木箱为内外两层，也就是大箱子里面还有一个小箱子。外层箱子四十厘米见方，内层箱子为三十厘米见方，每层箱子的木板均厚三厘米。

地宫里的这些方形木箱子是不是和明定陵一样，用来装随葬品的呢？

经专家们考证得知，这几个箱子只是用来装香册、香宝的，被称为"册宝箱"。原来，棺床前左右墙根下各有两个石制的须弥石座，是安放墓主人香册、香宝用的，称为"册宝石座"。"册"即册书，

崇陵地宫出土的册宝箱

帝王册立或封赠的诏书，在金片或玉片上刻成文。"宝"即印，古代称"玺"，唐代始称"宝"，明清两代沿用，以金或玉制成，上刻印文。册、宝是位号的证明，并无实际的用途。清制，凡册立皇后，尊封皇太后、太皇太后，以及上徽号，均进金册、金宝（上徽号亦有进玉册、玉宝者）；册封皇贵妃、贵妃，授以金册、金宝；封妃，授以金册、金宝；封嫔，只发金册，无宝；赐号贵人、常在、答应，不发册、宝。以上讲的是生前的册宝。

按清朝丧葬制度，无论皇帝还是皇后，死后都要恭上谥号，举行上谥礼。在上谥礼上要恭读谥文，谥文由礼臣以嗣皇帝的口气撰写，一般都是骈体文。文中对死者一生进行全面的总结并给

予评价，讲明所上的谥号内容及所上谥号的理由。因为是子谥父或子谥母，所以谥文毫无例外都是溢美之词。

"谥号"就是人死后的名称。比如人们常把包拯叫作"包文正"，其中"文正"就是谥号。古代讲究"事死如事生"，就是说人虽然死了，但仍然要按活着那样对待。皇帝、皇后活着的时候有象征权力的宝（大印），皇后有金册，死后有了新的名称即谥号，仍然要有册有宝。死后的册宝就叫"谥册""谥宝"。谥册上雕刻谥文，谥宝上雕刻谥号。

在清朝，谥法制度非常严格和复杂。凡皇帝和皇后，死后都有三套谥册谥宝。一套是玉册玉宝，用玉制造，供奉到太庙；一套是绢册绢宝，用绢、纸之类制造，供上谥礼上恭读用，用后焚烧掉；一套是香册、香宝，均用檀香木制造，专门用来陈放到地宫里的，都存放在双层的册宝箱里，册宝箱又陈放在地宫内的须弥座形的册宝石座上。地宫内的册宝陈列是有严格规定的。册在左（东），宝在右（西），以北为上为尊。第一组陈放皇帝的册宝，

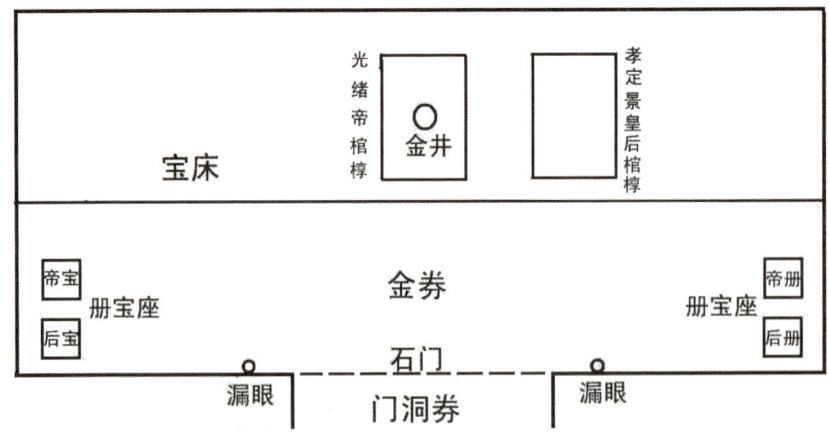

崇陵地宫金券平面示意图（绘图 徐鑫）

第二组陈放皇后的册宝。如果地宫内有两个或两个以上的皇后，其册宝应该怎么陈放呢？那就应该先陈放原配皇后的，再按立后的时间顺序依次陈放。册宝陈放在地宫里的位置不尽相同，裕陵的四组册宝陈放在穿堂券东西两侧；慈禧陵的一组册宝陈放在金券内东西两侧；崇陵的两组册宝也陈放在金券内东西两侧，靠近棺床居北的那一组是光绪帝的，另一组居南的是孝定景皇后的。

昔日的盗墓贼将崇陵册宝箱破坏，盗走了箱内的册宝后，将残破的箱子丢弃在了地宫内。在册宝座附近还找到一把铜钥匙，是用来锁册宝箱的。后来文物工作者将残破的箱子复原，使我们看到了册宝箱的真貌。清理乾隆帝的裕陵地宫时，只找到了几件册宝箱上的铜折叶、提手和几把带钥匙的铜锁，未见到木箱和册、宝。可能是入葬时间长达一百七十六年的原因，加上每年雨季地宫里有一两个月的时间有水，这些木质的册宝、册宝箱长期泡在水中，都早已朽烂了。在清理慈禧陵地宫时，只找到了十片册页（长一样，但宽窄不等，拼凑起来只相当于原来的六页）和一件残破的香宝，却未见到册宝箱。尽管崇陵的册宝已被盗走，只留下了残破的册

清理慈禧陵地宫时出土的慈禧香册及册文（地宫出土）

清理慈禧陵地宫时出土的慈禧香宝（地宫出土）

光绪帝棺椁残破状况(老照片)

孝定景皇后棺椁残破状况(老照片)

宝箱，但这箱子毕竟是实物。以前我们只能从《大清会典》和清宫档案中了解册宝箱的规制，这次崇陵地宫为我们提供了册宝箱的实物，也为我们研究清朝谥法制度提供了难得的实物资料。

此外，在金券里还发现有一个长方形木箱残片，木箱存放位置应该是在石棺床光绪帝棺椁的右侧。木箱内放置何物不详，估计是放册宝箱钥匙及一些杂物的。

光绪帝棺椁置于棺床正中，棺椁正面挡板（棺椁后面）被凿开了一个长1.03米、宽0.80米的洞，光绪帝尸体被拉出，腿露出棺椁外10多厘米，脚趾和小腿的骨头则都在棺椁外边露着。光绪帝棺椁的左侧（东边）是孝定景皇后棺椁，并排停放。孝定景皇后棺椁被破坏得更为严重，棺和椁都是从上面揭开盖，并将其盖放到了光绪帝的椁盖上，椁的东帮全部被拆，露出了内棺，椁板架在了龙山石上，也有用斧锤凿砸的痕迹，但没有凿透。

《德宗景皇帝大事档》记载，光绪帝死后的穿戴和随葬品大致如下：

> 大行皇帝升遐，戴去天鹅绒冠一顶，身穿缂丝棉金龙袍、石青缂丝棉金龙褂、月白春绸面白纺丝里小棉袄、月白春绸棉裤、月白春绸中衣带、月白春绸套裤、白纺丝棉袜、青江绸凉里尖靴。金箔朝珠（绿玉佛头塔、珊瑚记念、银镀金镶珠、碧玡背云、大小坠角小珠四颗），腰束白玉镶红碧玡线带，随银镀金带挎钩一对。黄妆缎大褥一床、黄妆缎棉被一床、黄妆缎大枕头一个、珊瑚朝珠一盘（绿玉佛头塔）、记念银镀金镶绿玉背云、黄碧玡大坠角、红宝石小坠角、加间小珠

四颗、红碧玖豆八个、伽楠香朝珠一盘、木子朝珠一盘、各种衣服五十一件、绿玉佛手簪一支（上拴单挂流苏一挂），珊瑚托，二色碧玖荷莲一件，绿玉葫芦一件，瓜式挑牌，碧玖蓝宝石坠角，大东珠一颗，饭块珠八颗、雕绿玉杵杆一支（上拴单挂流苏一挂），红碧玖长字一件，珊瑚宝盖结，绿玉荷叶挑牌，红碧玖蓝宝石坠角、大饭块珠一颗，小饭块珠八颗、镀金镶绿玉活环圣手折篮一支（上拴大茄珠坠角一颗），红碧玖莲花宝盖，绿玉叶，正珠一颗、镀金镶绿玉活环圣手折篮一支（上拴单挂流苏一挂），红碧玖花篮一件，绿玉吉庆挑牌一件，红碧玖绿玉坠角，小正珠二颗，珍珠十五颗，挺上镶红碧玖蝠一件、镀金点翠佛手九连环簪一支（上镶茄珠一颗，葫芦正珠一颗）、镀金点翠镶绿玉佛手金九连环簪一支（上拴绿玉红碧玖竹梅米珠穗），花篮一件，珍珠二颗，真石坠角、镀金镶绿玉佛手簪一支（上拴单挂流苏一挂），珊瑚花篮，绿玉长字，红碧玖喜字，绿玉坠角，草葫芦一件，小正珠二颗、镀金点翠佛手九连环簪一支（上拴镀金点翠花篮），红碧玖坠角，珍珠四颗，镀金点翠佛手九连环簪一支、金镶珍珠佛手簪四支（各上镶宝石二件），绿玉叶，挂流苏一挂，红碧玖蝠，绿玉花篮，紫宝石坠角，绿玉宝石珍珠三颗、各样暖香石子玩物，红碧玺万福暖手五件（内有三阳开泰一件）。

据清宫档案记载，孝定景皇后死后，其棺椁内的随葬品有：

金累丝点翠镶珠石长寿花寻常钿一顶、大正珠帽花一件、红碧玖褂钮一副、正珠朝珠一盘、镀金镶正珠钻石钳子一副、大正珠钉一号、汉玉针一件、莲花鞋一双上钉大正珠一百三十八颗、汉玉珞子二件、汉玉针一件、汉玉琴扫一件、汉玉乳钉带结子一件、白玉杵一带、雕白汉玉暖手一件、洋金镶钻石表一件、带八音金表一件、珊瑚雕寿字朝珠一盘、红碧玖朝珠二盘、绿玉朝珠一盘、正珠念珠二盘、绿玉圆镯一对、绿玉蒲镯一对、绿玉挑杆一支、镀金镶黄碧玖圣手折篮一支、洋金镶紫宝石镏子一件、洋金镶珠石瞥针一件、洋金镶白钻石蛇紫宝石抱头莲一支、洋金镶白钻石子母绦软镯一支、金镶正珠软镯一对、洋金带链镶珠石镯一对、洋金镶钻石宝石镏子一件、洋金镶子母绿镏子一件、洋金镶绿玉镏子二件、横绳子钉洋金镶钻石帽花十一件、雕汉玉螭虎双套环一件、绿玉烟壶二件、红碧玖烟壶二件、旧玉烟碟二件、金烟碟一件、金球一对、镀金镶绿玉一轮太平车一件、明黄石青江绸绣棉龙袍褂一套、明黄石青江绸绣夹龙袍一套、雪灰缎棉衬衣三件、蓝缎棉衬衣一件、驼色缎棉衬衣一件、灰色缎棉衬衣五件、湖色缎棉衬衣二件、绛色缎棉衬衣一件、蓝绉绸棉衬衣一件、月白绉绸棉衬衣一件、蓝缎夹衬衣二件、绛色缎夹衬衣一件、灰色缎夹衬衣一件、驼色缎夹衬衣一件、湖色缎夹衬衣三件、雪灰缎夹衬衣一件、湖色缎绣夹半宽袖二件、绛色缎绣夹马褂一件、湖色缎绣夹马褂一件、蓝缎绣夹紧身一件、月白缎绣夹紧身一件、月白缎绉绸斗篷一件、湖色缎棉马褂一件、绛色缎棉马褂二件、灰色缎棉马褂一件、驼色缎棉马褂一件、绛色缎夹马褂一件、灰色缎夹马褂一件、蓝缎夹马褂一件、月白缎棉紧身一件、灰色缎棉紧身一件、蓝色缎棉紧身一件、蓝缎夹紧身一件、月白缎夹紧身一件、灰色缎夹紧身三件、湖色缎夹紧身一件、绛色缎夹紧身一件、雪灰缎夹紧身一件、青色缎夹紧身一件。

人们从上述记载中发现，光绪帝后的随葬物品中大多数都是衣物，而珍宝类的物品并不多。这些清宫档案的记载应该都是真实可靠的。

一直以来，很多人对于清宫档案记载的这些随葬物品的数量和物品的种类持怀疑态度，主要原因是慈禧陵地宫中发现了一件没有被记入清宫档案的陀罗经被，但在一部私人笔记《爱月轩笔记》中却有记载。并且人们发现，《爱月轩笔记》中记载的很多珍宝，在清宫档案中却没有记载，因为《爱月轩笔记》的作者是李连英的侄子李成武，其记载的内容很可能是自大太监李连英，所以这份笔记的真实性和可靠性还是很高的。那么，在崇陵地宫中是否也有一些盗贼残留下的，但清宫档案中没有记载的珍宝呢？

第七章
地宫里的意外收获

对于崇陵地宫开启之后的场面，一位新闻记者的回忆从另外一个角度讲述了当时的考古情形。更重要的是，人们在地宫里发现了棺椁和金井的秘密，共同见证了那段不寻常的历史。

一位记者的考古回忆

崇陵地宫的清理及对外开放至今已四十多年了，当时考古人员在地宫中所见以及是如何清理的现场，却并无报道及相关介绍，对此不能不说是个遗憾。

2018年3月30日，《中国青年报》发表《揭秘清光绪皇帝崇陵发掘始末：医生清理遗体时竟呕吐》文章，对考古人员进入地宫后所见所闻有所介绍：

在地宫中，有两具比邻而置的棺椁，经过检查，棺椁都上过十道漆。每具棺椁的棺床四角各有一个石台，棺椁放在上面，与地面有一定距离。这两具棺椁，左侧的是光绪的，右侧的是隆裕的。既然崇陵是光绪皇帝的陵寝，大家关注的首先便是光绪帝的棺椁。在棺椁侧面左下方有一个砍开的破洞，人们注意到在破洞的外

光绪帝棺椁上的盗洞和棺外的尸骨

面，地面上有一些散乱的细碎骨骼。

这是什么骨头呢？

那名军医这时已经戴上了一副手术用的乳胶手套，准备扮演法医的角色——有意思的是这位"法医"居然是一位内科医生，此人胆大心细，后来竟然爬进了光绪皇帝的棺材，猫腰蹲在里面进行清理。他看过之后判断，这是人足部的骨骼。

事后人们判断，盗墓贼在打开棺椁之后，抓住光绪帝遗骸的两只脚，试图将尸体拖出棺外。然而，因为遗体已经腐朽，盗墓贼硬生生将尸体的两只脚拽了下来，也没能将其拖出来。于是，盗贼改为自己爬入棺木，将光绪帝尸身上的随葬品取下，再将尸体翻转过来，对其背后的随葬品进行洗劫。因此，发现的光绪帝遗骸，是面朝下俯卧的。打开棺椁后看到，这位皇帝的肉身除去少量软组织已经基本腐烂殆尽，只有小腿处尚有肌肉附着，棺内遗骨周围都是烂泥似的糊状物。

由于一直有人怀疑光绪帝是被人害死，此时外面有人在问："有没有头？"在墓中的工作人员仔细观察了遗骸头部，证明其头部和颈部连接自然，并不是像某些小道消息所说，曾被刺客砍下后重新装回去的。此后的检验也证明光绪帝的遗骸上并无外伤。棺材里有帐子，上饰经文，但皇帝的身上未见礼仪性的龙袍，不知是已被盗走还是葬仪中并不使用。光绪的衣服已经与尸身周围杂物混为一体，依稀可见属于内外衣的黄色和红色丝织品，勉强可以提取而已。这些织品提取后有些许变色（现西陵管理处据说存有出土光绪龙袍一件，与西冰先生回忆略有出入，可能是后续发现的）。

陪葬品中的几块怀表，或是光绪生前珍爱之物。

为了整理光绪帝的遗骨，那位医生半跪着一块一块将骨骼递给外面的考古人员，同时讲解"这是枕骨"，"这是尺骨"，等等。当时工作人员打了井水，便在宝顶上清洗待整理的遗骨。

这位军医不乏勇气，然而，当处理隆裕皇后的棺椁，把手插入那种尸身周围的烂酱糊状物，感受到那种黏黏糊糊的感觉时，这位胆大的医生还是无法忍受，跑出墓室呕吐起来。

西冰回忆："隆裕皇后的棺材看起来就是一个酱缸，厚厚的一层深棕黑色黏稠物体，这与棺材被掀开，墓室内水滴落入棺材有关。"他强忍不适在地宫中坚持拍摄工作，却有一个意外的感受——这种糊状物虽然望之令人反胃，但却没有异味，这是怎么回事儿？

事后工作人员将这些糊状物从棺中铲出，晒干后进行辨认，才发现了其中的秘密——原来，这种糊状物并非腐烂的尸体产生，而是香木的碎屑。这应该是帝后下葬时被放在棺材里防腐和防潮所用。从盗洞中进入的水分使这些香木屑化作了烂泥状，倒是让"法医"白白地恶心了一番。

而隆裕皇后的棺椁中还意外发现若干宝物。西冰回忆："发现隆裕皇后骨盆下的珠宝袋是当天沉闷工作的一个亮点和惊喜，当时所有人都不抱任何希望了，只想清理干净收工。军医拿起盆骨时突然眼前一亮，在我们碘钨灯强烈的光线下，大大小小的珠宝珍珠发出一片光亮。"原来隆裕下葬时腰间带有一个锦袋，里面装了一百多颗珠宝，盗墓贼并没有发现它。光绪皇帝双手中所握的翠环、鸡血石也没有被盗走，与隆裕的珠宝一同成为这次抢救性发掘的重要收获。

工作人员还对光绪帝的头发进行了取样。西冰先生回忆，由于当时光绪帝头部的肌肉和皮肤已经不复存在，其头发初看时仿佛一个头套，套在骷髅头上。以手触及仿佛一团，最初感觉不出何处为头何处为尾，拿出棺外整理，才能看出形状，共两段，上面还有下葬时打的节。

由于当时设备有限，对光绪帝的遗骨和遗发无法做进一步检验，但在场工作人员都知道光绪帝是否被害而死仍是一个谜团，而这些遗蜕无疑是未来解开谜团的重要证据，故此都赞成将其有效保存，以备将来。事实证明，这个有远见的决定是十分正确的。

光绪帝的棺椁内，根据记录原有一百余件随葬品，大部分被盗墓贼席卷一空。但也不是没有遗存——该陵的金井没有被盗。

当时参加发掘的陈宝蓉先生回忆:"金井内发现的保定子母铁球和玉石球,对于研究保定铁球的发展过程提供了很重要的历史实物。五块亨得利怀表更有研究价值,其中一块小小的金壳珐琅表上,表盘周围镶有米珠一百七十八颗,至今无一破损或脱落,可见当时工艺水平之高超;表壳上是金丝珐琅组成的图案,五彩缠枝莲和繁茂的绿叶连接在一起,三只彩凤展翅腾空,首尾相顾。大片彩蝶于花丛中追逐起舞,异常精美。估计这块表可能是在亨得利定做的或者是亨得利进贡给光绪皇帝的,而凡是进贡品或皇帝的定做品,都是单独设计,专门制作,数量不会多,质量也一定是上乘的。常言说,物以稀为贵,那么这块表就无法估价了。金井里还发现有玉别字、白玉立人、翠玉八宝、雕花白玉石等文物,也极为珍贵。"

文中的西冰先生是当时河北电视台的见习记者,为负责拍摄发掘考古纪录片的摄影师田榕林担任助手。

除此之外,文章中还提道:

与此前流传是某军阀部队盗取了崇陵不同,专家根据盗洞的大小和墓内情况,推断盗崇陵的可能只有两个盗墓贼,一个成年人指导并在外望风,一个未成年人进入墓穴盗窃,根据盗墓行当的惯例,他们很可能是父子俩。值得一提的是正因为进入墓穴的那个盗贼可能年纪不大,没有经验,才留下不少珍宝没有盗出。

崇陵地宫开启时金券内两具棺椁惨状

对于这种说法,笔者并不认同。慈禧陵地宫盗口,也并不大,只能一人爬进爬出,地宫内石门也并未遭到破坏,棺椁的外椁破坏严重,内棺上盖被打开,尸身被抛出棺外,其情形与崇陵地宫内景破坏程度极为相似,但慈禧陵地宫确是被孙殿英手下众匪徒盗窃的。由此可见,盗洞的大小与被盗人数的多少,关系不大,甚至没有关系。至于还有残留珍宝,只能证明盗匪没有经验,不能说明盗匪因为年轻而没有经验,也不能证明盗匪只有二人。

打开棺椁

在清朝,棺椁不仅是存放帝后死后遗体的器物,而且也是存放随葬珍宝的箱柜,是保护帝后遗体和珍宝的最后一道防线。正因为棺椁有着如此重要的作用,所以其保密程度和坚固程度就变得异常重要了。

清朝帝后的棺椁用料讲究，为了密封和表示等级尊严，在棺椁的内外进行了多层漆饰，漆饰的次数有着极为严格的规定。清制，帝、后、妃棺椁的内外两层，外层称"椁"，内层称"棺"。内棺的内外满饰红漆，在漆上雕刻藏文的经文，填以金漆。经文多为阴刻，当然也有例外，乾隆帝内棺上的经文和图案为阳刻。帝、后的外椁要漆饰四十九道漆，每一道漆都有不同的名称，要用不同的手法，皇贵妃和皇太子的棺椁漆饰三十五道。皇子、贵妃、妃的棺椁漆饰十五道。每道漆的名目、工艺都不一样，这里以帝后的外椁为例予以说明。

第一道：钻生漆；第二道：通漆灰；第三道：漆满糊布；第四道：押布漆灰；第五道：漆满糊布；第六道：押布漆灰；第七道：漆满糊布；第八道：押布漆灰；第九道：漆满糊布；第十道：押布漆灰；第十一道：漆满糊布；第十二道：押布漆灰；第十三道：漆满糊布；第十四道：押布漆灰；第十五道：漆满糊布；第十六道：押布漆灰；第十七道：漆满糊布；第十八道：押布漆灰；第十九道：漆满糊布；第二十道：押布漆灰；第二十一道：漆满糊布；第二十二道：押布漆灰；第二十三道：漆满糊布；第二十四道：押布漆灰；第二十五道：漆满糊布；第二十六道：押布漆灰；第二十七道：漆满糊布；第二十八道：押布漆灰；第二十九道：漆满糊布；第三十道：押布漆灰；第三十一道：漆满糊布；第三十二道：押布漆灰；第三十三道：漆满糊布；第三十四道：押布漆灰；第三十五道：漆满糊布；第三十六道：押布漆灰；第三十七道：漆满糊布；第三十八道：押布漆灰；第三十九道：漆满糊布；第四十道：押布漆灰；第四十一道：中漆灰；第四十二道：

细漆灰；第四十三道：浆漆灰；第四十四道：糙漆；第四十五道：垫光漆；第四十六道：退光漆；第四十七道：笼罩漆；第四十八道：金胶漆；第四十九道：满扫金。

崇陵地宫金券内的光绪帝和孝定景皇后棺椁

"满扫金"是椁的最后一层漆，就是通体扫金，是金饰中一种较复杂的工艺。其操作方法，就是将金箔用金筒子（一种特制工具）揉成极细的金粉，然后用羊毛笔将金粉轻轻地扫到金胶油的表面，薄厚要均匀一致，然后用棉花轻轻揉擦，使金粉与金胶油贴实，然后将浮金粉扫掉即可。俗语"一贴三扫九泥金"，意思是说在用金量上，扫金是贴金的三倍，泥金是贴金的九倍、扫金的三倍。外椁的漆饰一般在帝后入殓后进行。

梓宫漆饰完后，由喇嘛用藏文缮写四天王咒，四天王即北方多闻天王、南方增长天王、东方持国天王、西方广目天王。

崇陵地宫的光绪帝和孝定景皇后的棺椁均为帝后所用的标准的芦葫型梓宫，用金丝楠木制作，有外椁内棺。

光绪帝的椁总长2.51米，前宽1.57米，后宽1.52米；前高后低，椁头部高1.70米，后部高1.58米。

孝定景皇后的椁较光绪帝的尺寸稍小一些，前宽1.55米。后宽1.51米，前高1.68米，后高1.54米。棺高1.29米，宽1.22米，长2.19米。棺内外四周均为红漆，雕金字藏文。棺盖顶面雕刻着一幅精美图案：上部是九尊合手瞑目、盘坐莲花的佛像；下部有一只金凤凰展翅欲飞，身边祥云朵朵，脚下高山大海，山上鲜花簇拥，海面浪花飞舞，呈现出来一幅江水海崖的壮观画面。整个画面布

孝定景皇后棺盖上的九佛金凤图案

局紧凑，造型生动，从设计到雕刻技艺都很高超，是一幅雕刻艺术珍品。

当年盗陵匪徒在打开孝定景皇后内棺时，将她的棺盖放在了光绪帝的椁盖上，所以这次清理崇陵地宫时，人们将孝定景皇后棺椁盖从光绪帝棺椁上移开，打开了光绪帝内棺的棺盖意外的发现，光绪帝的棺内壁上围着五色织金藏文陀罗尼经缎和各色织金龙彩缎共十三层。

第一层为红地蓝条；

第二层为蓝色，上面有用金线织的藏文，并织有"杭州织造臣广英"字样；

第三层为黄色，上面有用金线织的藏文，还织有"杭州织造臣舒麟"字样；

第四层为黄色，水云龙纹图案，上面织有"杭州织造臣容廷"字样；

第五层为黄色，上面有用金线织成的藏文；

第六层为蓝色，上面有用金线织成的藏文；

第七层为大红色，红地蓝条，并织有"杭州织造臣盛柱"字样；

第八层为黄色，上有用金线织成的梵文；

第九层为黄色，上面有"杭州织造臣广英"字样；

第十层为红色，红地蓝条；

第十一层为黄色，上面有流云、万字花纹；

第十二层为紫红；

第十三层，大红色。

棺内的这些围缎，每一层都是一条完整的缎料，贴围在棺内的四壁上，然后用小铁钉钉在棺壁上。在清理光绪帝内棺时，这些围缎几乎都已腐烂。

光绪帝死后在入殓时，在棺内是仰身直卧的。因为棺椁的头是朝向金券北墙的，所以光绪帝是头朝北，脚朝南。孝定景皇后也是这样。

这次清理地宫时人们发现，光绪帝的遗体是趴在棺内的，这是匪徒盗宝时翻转导致的。光绪帝的遗体最外面穿的一件龙袍腐烂得不太严重，但贴身的内衣却烂得不行。棺内没有见到被褥，也未发现枕头，更未戴帽子。棺内的随葬品几乎全部被盗走，但在后来仔细清理过程中发现，在光绪帝的左手中握有两件饰品，一件是两环相连的翠环，环为深绿色，色泽鲜艳；另一件是一块白玉石，这块玉石上面雕有鸳鸯衔荷花图案，上有叶子三片。

按《大清会典》规定皇后棺内衬缎九层。可是这次清理发现孝定景皇后的棺内围缎却只有三层，第一层为红紫色，第二层为紫红色，第三层为黑色，这三层的上面都有用金线织的藏文。

孝定景皇后的头发散乱，发根尚扎着一条红头绳，穿的服饰连同尸体已经全部腐烂成泥，只能看到局部的骨骼露在外面。在清理时发现，孝定景皇后的左手里有椭圆玉石一块，两面各雕水浪花和循环文饰。在她的右肋下又发现一个小荷包，已腐烂，内装各种珍珠200多颗，每颗都有孔，推测很可能是一串或几串珠子，但穿线已糟烂。此外，还有100多个带孔的圆形小玛瑙片。

这些残留下的物品当中，有一些是清宫档案中没有记载的。由此可以说，清宫档案中所记载的随葬物品只是主要的或者一部分物品，并不是全部。

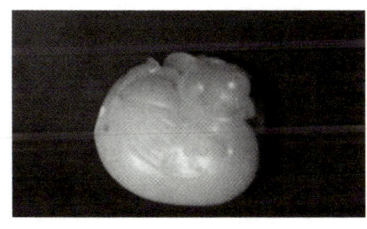

崇陵地宫出土的雕花白玉石（光绪帝手里握的玉石）

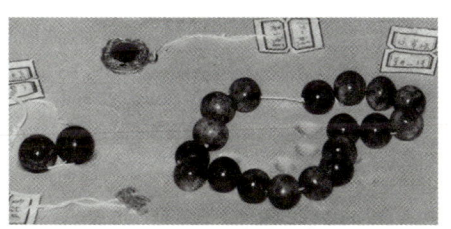

崇陵地宫出土的翡翠珠

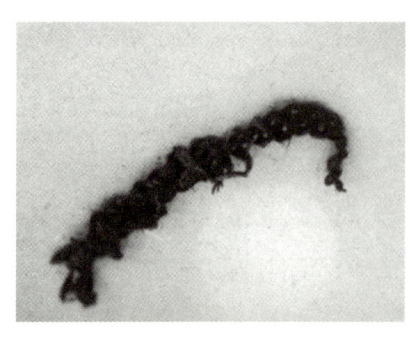
光绪帝的发辫

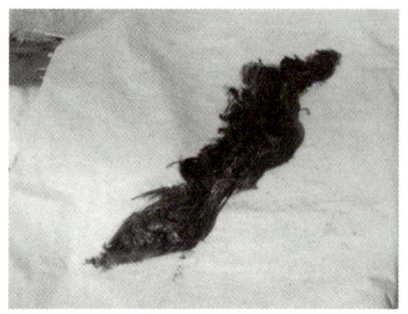
孝定景皇后的头发

人们清理完棺内外的遗物和尸骨后，把光绪帝和孝定景皇后的尸骨放在阴凉处晾干，然后分别装入塑料袋封好后，装入了两个特制的木箱里，再放进各自的棺内。光绪帝和孝定景皇后安放在自己的"房间"里面，从此以后这对夫妻可以再次高枕无忧地安睡在地宫里了。

值得注意的是，清理地宫后，光绪帝和孝定景皇后的少量头发和光绪帝部分遗骨及服饰被特意放进了文物库房，妥善保存了起来。这一颇有远见的做法，为今后解开光绪帝死因之谜发挥了巨大的作用。

金井中的惊喜

清理地宫时，人们发现光绪帝的棺椁下面有一深 0.43 米、直径 0.142 米的竖向圆孔，这个竖向圆孔就是人们常说的神秘的地宫"金井"。

清朝陵寝的金井位于棺床正中，是全陵的穴位，也叫"透眼""穴中"。金井是陵寝建筑中不可缺少的重要部位。

清朝皇帝和历朝皇帝一样，认为陵寝是"关乎天运之发祥"的头等大事，如果能将陵寝建在一块上吉佳壤之上，就可以"垂宝祚于无疆，绵福祉于有永"。而金井位置的确定又是其中关键的一环。金井位置定得合不合宜，能决定陵寝工程的成败。道光帝

崇陵地宫棺床上面的金井上的斛形木箱（摄影　邓之诚）

最初在遵化东陵的宝华峪建的陵寝，因穴位点得过于靠后，接近后宝山，以致所有建筑都靠后，地宫槽中开出山石，挖出山泉，最终导致全陵拆毁。在风水理论中，有"三年求地，十年定穴"的说法，这虽然有些夸张，但也足以说明点穴的重要。

在《啸亭杂录》中有顺治帝为自己选陵址亲定穴位的记载：

章皇尝校猎遵化，至今孝陵处，停辔四顾曰："此山王气葱郁非常，可以为朕寿宫。"因自取佩韘掷之，谕侍臣曰："韘落处定为佳穴，即可因以起工。"后有善青乌者，视丘惊曰："虽命我辈足遍海内求之，不克得此吉壤也。"

在民间，还盛传着乾隆帝秘密为自己陵址定穴位的故事。相传，乾隆帝曾亲自带着几名亲信来到胜水峪，只见那里蒿草丛生，野花怒放，紫气蒸腾，一派天赐的美丽自然风光。乾隆帝在这里停留了很久，最后，他从怀里取出一枚扳指，择最吉处，小心翼翼地埋入了地下，这个穴位便是裕陵金券内的金井位置。

如果说地宫是全陵最神秘的地方，那么金井又是地宫神秘的核心。传说，金井的神秘，不仅是因为它在地宫深处不易见到，更多的是因盛传帝后入葬后，将棺椁放在金井之上，因金井能够沟通阴阳之气，尸体不但不腐烂，而且能使死者灵魂自由来往于阳世与阴世之间。又传说，金井里的水不仅清澈甘甜，是无根之水，更让人惊叹的是，不论是大雨连绵的夏季，还是百年不遇的大旱，金井里的水不升不降，不溢不竭，总是那么多，那么平静。对于这种说法，有人说是因为金井的位置点得好，不但有神灵镇着它，护着它，而且还有许多珍宝在里面养护着它；也有人说因为金井是通向大海龙宫的海眼，龙王在里面看守地宫，所以水在任何时

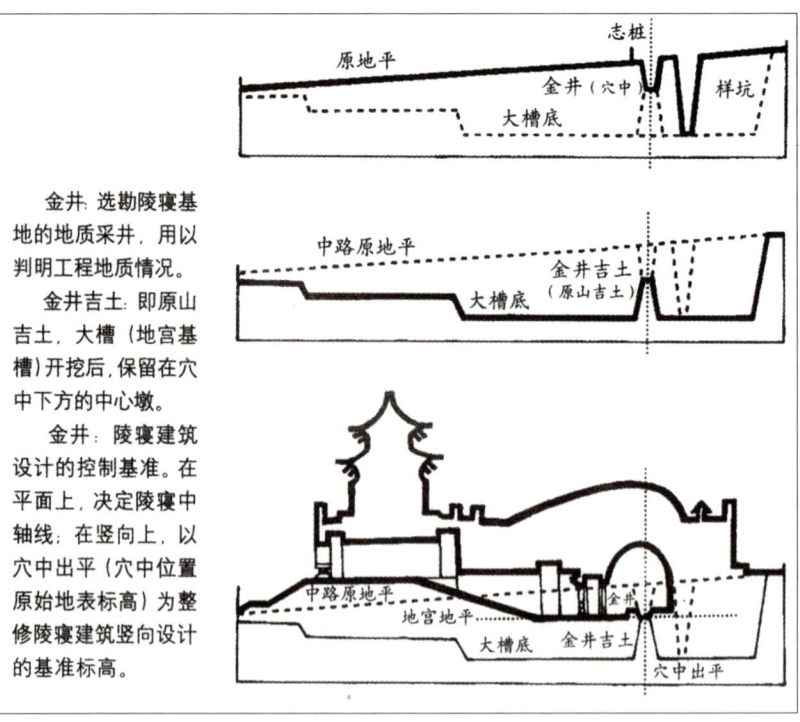

地宫金井位置示意图（绘图　王其亨）

候都不会溢出而浸泡棺椁；更有一些人认为金井里面的水能治百病。所以人们又把地宫中的金井称为"金眼吉井"。

金井虽然名为"井"，其实井内并没有水。金井也并没有传说的那样神奇，它的实际作用体现在陵寝的营建上。因为金井是地宫的核心，因此也是决定整座陵寝平面布局和各单位建筑水平高低的基准。所以，在营建陵寝时，首先要确定金井的位置，即"点穴"。动工之前，先在穴中处搭起一座罩棚。破土时，在金井位置开一个大槽，在穴中心处留出一个土墩，土墩的土称"原山吉土"或"金井吉土"，妃园寝的则叫"气土"，该土不能见日月星三光。取出少量原山吉土呈递给皇帝验看后，妥善保存在陵寝事务衙门。地宫建成后，大葬之前，要把一些珍奇宝物陆续放入金井内，以求镇墓、息壤，然后将金井穴眼用金井盖盖上，再罩上金井浮盖；皇帝大葬之前，撤去浮盖、金井盖，将保存在陵寝事务衙门的用黄绸包的原山吉土放入金井内，然后将棺椁放在金井之上。

金井里放入原山吉土，源于人类来于自然，死后亦回归自然的理念。皇天后土是人类生死存亡的栖息之处。只有生死与自然融为一体，生者与死者的灵魂才能对话，人的生生死死才能久兴不衰、长存世代……这种似是非是、似通非通的宗教思想，使得历代皇陵在修建之后，总是把少量的原山吉土放入地宫金井之中。金井、土地、灵魂，三点一线，血肉相连，息息相通，这种融宗教与文化于一体的神秘风俗，千百年来，备受历代封建帝王的重视。

通过清理崇陵地宫发现，金井内有一堆随葬品。这一意外的

 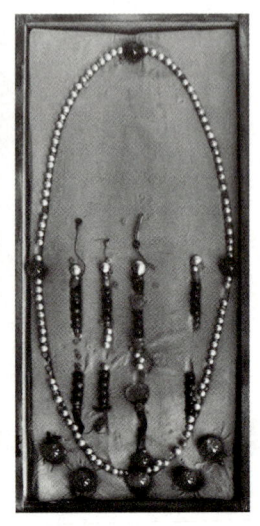

崇陵地宫出土的金壳怀表、翡翠环等文物　　崇陵地宫出土的珍珠翡翠朝珠

发现，使在场的人们都非常兴奋，是意想不到的收获。由于地宫常年潮湿，里面的随葬品有的已生锈，有的本来是串在一起的，因为绳子已经腐烂，所以散落开来，失去了原来的样子。

经过仔细清理，金井内有文物数十件，其中有金壳怀表一块，背面呈素面，刻有"亨得利"三字，里面进水，局部生锈。有银壳怀表三块，局部已生锈。有珐琅壳怀表一块，背面镶嵌金花蝴蝶、鹤、花草等文饰，形象逼真，色彩艳丽，表盘因潮湿进水已锈了一半。还有白玉小人一个，粉色碧玺坠二个等；玉质八宝、散朝珠、玉别子、玉佩、翡翠瓜、小草龙，各种颜色的猫、猪、鱼、兔、鸡、狗、羊、马、牛、鼠；青石手球二个，铁球二个，虽然已经生锈，但仍能发生清脆的响声。

在金井内还发现了一个黄绸包，里面包着约半斤重的黄土。这土就是原山吉土。这就更证实了档案记载的正确性。

崇陵地宫金井里面发现的这些物品，是一批珍贵文物。到目前为止，这是所有开放清陵地宫中发现的唯一的一个完整的金井的镇墓珍宝。然而人们却尚未发现清宫档案有关崇陵地宫金井陪葬物品的记载。如果档案中发现有记载可将其与实际物品进行一一核对，必将揭开清朝地宫考古与清宫档案记载的真实差距，也将进一步促使清朝陵寝研究与档案记载的完美结合。

1980 年 7 月 26 日，崇陵地宫的清理工作基本完成。

1980 年 8 月 1 日，崇陵地宫正式对游客开放。

第八章
揭开光绪帝死亡真相

光绪帝的死亡原因自一开始就是人们争论的话题，崇陵地宫打开之后，其死亡原因虽然一时被掩盖，但却并没有因此终止争论。人们不相信光绪帝是正常死亡，直到后来科技侦探技术的介入，才最终尘埃落定，但也不是所有人都完全相信这个结果。

化验尸骨的困惑

光绪帝作为年轻有为、被寄予希望的一代皇帝，他在被囚禁多年后突然死亡，并且是死在自己的政治对手慈禧的前一天，人们对此认为不正常，也不相信会有这样的巧合。因此人们将光绪帝之死列为清宫八大疑案之一。

1980 年 7 月，光绪帝崇陵地宫清理之后人们发现，光绪帝的遗体虽然已经没有肌肉，但骨骼关节还都连接完好，从骨骼来看，他的身高大约 1.64 米，没有刀剁斧砍的痕迹；人们又将光绪帝的颈椎和头发送到当地医院和防疫站检测，也未发现有中毒现象。

这样的结论告诉人们，光绪帝的死因与清朝官方记载是一致的，并非被害死，即光绪帝为正常的病亡。一些权威历史学家和医学专家根据清宫档案中光绪帝死亡前的"脉案"研究及考证后得出结论：光绪帝属于自然死亡。其死因是其自身的肺结核、肝脏、心脏及风湿等长期慢性、消耗性疾病，导致其抵抗力下降，因此身体出现了各种疾病，其心肺功能慢性衰竭，急性感染，以致造成光绪帝死亡。还有，光绪帝自幼体弱多病，有长期遗精史，身体素质一直很差，维新失败后因被幽禁在瀛台以及珍妃的惨死所遭受的精神、肉体上的折磨，也加重了他的疾病，以致日渐恶化，直至腑脏功能失调，病入膏肓，无法医治。

参与崇陵地宫清理的陈宝蓉先生在其著作《清西陵纵横》中持此观点，屈春海先生也持此观点，他在《皇宫医案破解光绪猝死亡之谜》中写道："1980年清西陵文物管理处在清理崇陵（光绪陵）时，发现光绪帝遗体完整，体长1.64米，无刃器伤痕。通过化验颈椎和头发，也无中毒现象。"故此，光绪帝是正常病死的说法成为当时学术界的主流观点。

但也有人对那次头发及遗骨检测结果并不认可。因为那次检测光绪帝遗骨的方法过于简单，当时还没有先进仪器，算不上真正意义上的尸检，有人因此依旧坚定地认为，光绪帝的死绝非简单的病死，而是有人蓄意害死的，主要依据有如下三条：

一是清末名医屈桂庭在回忆录《诊治光绪帝秘记》中记载："光绪在临死前三天，在床上不停地翻滚，并且不停地大叫，'肚子疼得不得了'。脸色发暗，舌头又黄又黑，明显是中毒症状。"

二是启功先生在《启功口述历史》中称，他的曾祖父看见一个太监给光绪帝送了一碗"塌喇"（酸奶），送过不久，光绪帝就死了。

三是溥仪在《我的前半生》中称，一个太监说光绪帝用了一帖药就死了。

因此，光绪帝的死因并未有真正意义上的结论，其在学术界以及民间依旧争论不休，因为缺乏强有力的证据，谁也无法说服对方。

2008年2月，笔者在互联网上发现，香港《紫荆》杂志载文指出，国家重点文化工程利用当今高科技，对光绪帝的遗骨样品进行毒物学的化验，结果发现他的头发存有可致命的"砷"（砒霜）。文章指出，有关化验结果显示光绪帝头发的含砷量超出正常含量的一千至二千倍，这些致命的砷集中于头发中的一段，并不是平均地分布于头发的全部，因此怀疑光绪帝是被突发性的毒害致命。根据已有结果，如果再对光绪帝胃部附近的遗骨采取极微小的骨骼颗粒进行化验，就可最终断定光绪帝是否中毒死亡。

砷是一种灰色的晶体，具有金属性，自然状况下是白色的粉末状。其性质稳定，不能再分解，在工业生产和日常生活中应用广泛。砷的主要化合物之一就是三氧化二砷，俗名"砒霜"。三氧化二砷的纯品为白色结晶性粉末，易升华。我们通常所见的白色粉末是不纯的三氧化二砷（砒霜）。砒霜进入人体后能破坏某些细胞呼吸酶，使组织细胞不能获得氧气而死亡；还能强烈刺激胃肠黏膜，使黏膜溃烂、出血；亦可破坏血管，发生出血，破坏肝脏，严重的会因呼吸和循环衰竭而死。急性砷中毒症状表现为两种：

一是胃肠型，最为常见。发作时间随量的大小及胃内充盈程度而不同，快的15至30分钟，慢的可4至5小时，一般为1小时左右。开始，咽头有灼热感、口渴、恶心，接着出现剧烈腹疼与呕吐，最初吐食物，继之吐黄水，同时剧烈腹泻，初为普通粪便，随后呈米汤样。尿量减少，体温、血压下降，虚脱、昏迷，最后因循环系统衰竭而死亡。

二是神经型，较为少见。由于砒霜毒性强烈，两千多年来，就一直与"中毒""暴死"这样的词汇联系在一起，因而"声名狼藉"。凶手们之所以选择砒霜作为杀人工具，除了它的毒性猛烈之外，还因为砒霜具有无臭无味的特点，并且难以在尸体上被检验出来。早期砒霜中毒的症状，往往与其他一些疾病相混淆。

知道服用砒霜后的症状了，我们再看看光绪帝死前的活动情况及病情变化：

光绪三十四年（1908）十月初一日，光绪帝诣仪鸾殿，问慈禧皇太后安。

初二日，奉皇太后御勤政殿，日本使臣伊集院彦吉觐见。又到仪鸾殿向皇太后问安。

初三日，到仪鸾殿，向皇太后问安。

初四日，到仪鸾殿，向皇太后问安。

初五日，到仪鸾殿，向皇太后问安。

仪鸾殿瀛秀园门（老照片）

初六日，上御紫光阁，赐达赖喇嘛宴。又到仪鸾殿，向皇太后问安。

初七日，到仪鸾殿，向皇太后问安。

初八日，到仪鸾殿，向皇太后问安。

初九日，奉慈禧皇太后"幸颐年殿，侍晚膳，至癸亥（十一日）皆如之"。

初十日，慈禧皇太后生日，光绪帝率百官至仪鸾殿行庆贺礼。幸颐年殿，侍太后晚膳。

十一日，到仪鸾殿问皇太后安。幸颐年殿，侍皇太后晚膳。

十二日，到仪鸾殿问皇太后安。幸颐年殿，侍皇太后晚膳。

十三日，到仪鸾殿问皇太后安。幸颐年殿，侍皇太后晚膳。

十四日，到仪鸾殿问皇太后安。幸颐年殿，侍皇太后晚膳。

十五日，到仪鸾殿问皇太后安。幸颐年殿，侍皇太后晚膳。

十六日，到仪鸾殿问皇太后安。幸颐年殿，侍皇太后晚膳。

十七日至十九日，御医屈贵庭在光绪临死前三天给光绪帝看病发现，光绪帝病情突然恶化，在御榻上乱滚，大叫肚子疼。

二十日，《德宗景皇帝实录》记载"上不豫"，光绪帝病。慈禧懿旨："醇亲王载沣之子溥仪，著在宫内教养，并在上书房读书。"又懿旨："醇亲王载沣，授为摄政王。"

二十一日，"上疾增剧"，光绪帝病重。"上疾大渐"，病危。酉刻，光绪帝崩于西苑瀛台之涵元殿。

从上述记载来看，光绪帝发病突然，来势凶猛，似乎没有发现光绪帝有中毒现象。其中，十七日至十九日并未见官方档案记载，二十日至二十一日为《德宗景皇帝实录》记载。因此，有人说档案是主事者写的，主事者不可能将不光彩的事写进去。

对于光绪帝的死亡，笔者一直认为其是被害死的，主要理由有清末前太医院名医屈桂庭在《诊治光绪帝秘记》一文中写道：临死前三天见光绪帝"在床上乱滚""向我大叫'肚子痛得了不得'"，且"面黑，舌黄黑"，"此系与前病绝少关系"。而这些描述的症状正好与砷中毒相同。还有就是这与历史上的一些慈禧反常的政治活动紧密相关：光绪三十四年（1908）十月二十日，慈禧在这一天也就是光绪帝死前的一天，连续发布了两道懿旨，先是将醇亲王载沣的三岁儿子溥仪抱进皇宫抚养；其次是将溥仪的父亲醇亲王载沣封为摄政王。从这两道懿旨的内容看，好像慈禧已预知光绪帝要死于自己前面，像是预备后事。两道懿旨发布后的第二天即光绪三十四年（1908）十月二十一日，光绪帝就死了。更令人称奇的是，在光绪帝未死之前，慈禧先是确定了摄政王载沣的地位高于其他诸王，而后在光绪帝死亡之后立溥仪为大清入关后的第十帝，且为同治帝、光绪帝两人子嗣。在光绪帝死亡之前的当天确定载沣摄政王的地位，而非封摄政王的当天，这就说明，光绪帝死亡前一天即刚封摄政王时，慈禧尚无法断定第二天光绪帝必死。但到了第二天，光绪帝虽未死，但慈禧已经知道他今天必死，所以在光绪帝死之前的当天才进一步确定摄政王的政治地位。

发布完这些懿旨后的第二天，即光绪三十四年（1908）十月二十二日未刻，统治中国长达四十八年的慈禧也死了。本来，慈禧的死因没有留下历史疑案，但其临死时是否产生过害死光绪帝的念头，则是后人研究光绪帝死因时必然要涉及的问题。《崇陵传信录》中有这样的记载："有谮上者，谓帝闻太后病，有喜色，太后怒曰：'我不能先尔死。'"这就为慈禧害死光绪帝说提供了重要依据。

慈禧年轻的时候，有月经不调之症，以后又陆续患过喘咳、痔疮、面风、腹泻、肠胃不和等病症。慈禧在七十岁以后，身体开始出现衰弱的迹象。光绪三十四年（1908）六月以后，慈禧感到身体不适。九月，慈禧增加了腹泻病，且久治不愈。十月初十日，慈禧庆祝完七十四岁大寿后，因为劳累，身体更加虚弱了。《内起居注》记载，自十月十六至十九日，慈禧没有政务活动，这表明慈禧的病情加重了。

史学家根据历史记载分析后认为，慈禧死于痢疾，即人们常说的拉肚子。一个正常的人拉几天肚子身体都会很虚弱，何况一个年已七十四岁的老人了，所以慈禧是正常死亡。

至于慈禧死亡的具体原因，除了自身的病之外，笔者认为还与她的政敌——光绪帝已死，也有着直接关系。光绪帝的存在一直是她的心头病。现在光绪帝已死，慈禧也就没有后顾之忧了，她长期紧张的精神也随之松懈下来了，这时原本是强自支撑的病体也跟着垮了下来，以致慈禧"病势增剧"，最终因年老体弱病情加重而死。

通过以上分析，似乎可以得出这样的结论：慈禧感觉自己身体不支，担心自己死于光绪帝之前，盼望着光绪帝早些死，于是先害死了光绪帝。

那么，光绪帝究竟死于疾病还是被害死的呢？

现代科学手段的介入

2008年11月2日上午9时30分至12时，国家清史编纂委员会等单位在北京京西宾馆会议楼十四会议室举行"清光绪皇帝死因研究报告会"，会上发布了《清光绪帝死因研究工作报告》，正式宣布光绪帝死于急性砷中毒。

据《清光绪帝死因研究工作报告》称，常人口服砒霜60-200毫克就会中毒身亡。光绪帝摄入体内的砒霜总量明显大于致死量，其胃腹部衣物上的砷是其含毒尸体腐败后，直接侵蚀遗留所致，而其衣领部位及头发上的大量砷，则由其腐败尸体溢流侵蚀所致。根据光绪帝临终前曾参与诊治的医生亲笔回忆录，以及搜集到的军机大臣的日记等史料，结合这次化验结果，得出并确定了"光绪帝属急性胃肠性砒霜中毒而亡"这一结论。

《清光绪帝死因研究工作报告》由四家单位的十三名专家历时五年，经过缜密研究，分析大量照片、图表、数据，才得出了令人信服、有科学根据的研究成果。他们是中央电视台清史纪录片摄制组主任钟里满，清西陵文物管理处耿左车、李军、邢宏伟，中国原子能科学研究院反应堆工程研究设计所王珂、张永保、邹淑芸、夏普、李义国，北京市公安局法医检验鉴定中心张新威、张大明、宋朝锦、潘冠民。

报告会上，中央电视台清史纪录片摄制组负责人钟里满先生、清西陵文物管理处主任耿左车先生、中国原子能科学研究院反应堆工程研究设计所高级工程师王珂先生、北京市公安局法医检验鉴定中心张新威先生分别就各自负责的研究工作做了说明，并以图片和文字的形式对有关研究步骤和方法、鉴定程序及结论做了详细讲解。对此，戴逸先生发表了重要讲话，充分肯定了这项研究工作，并认可得出的相关结论，即光绪帝死于急性砒霜中毒。

也许有人会问，这四家单位为什么会走在一起，通过化验等手段共同调查光绪帝的死因呢？

原来，2003年中央电视台清史纪录片摄制组到河北省易县清西陵采访，得知1980年清理光绪帝崇陵地宫时，光绪帝、孝定景皇后的头发被移至棺椁外，至今保存在清西陵管理处库房。学物理出身的编导钟里满认识到，这是一次解开历史上光绪帝死亡之谜的机会，于是他与北京市公安局法医检验鉴定中心专家初步研讨之后，又征得河北省文物局、保定市文物管理部门及清西陵文物管理处的同意，将多根（两小缕）清光绪帝头发送至中国原子能科学研究院反应堆工程研究设计所29室进行测试。由此，中央电视台清史纪录片摄制组、清西陵文物管理处、中国原子能科学研究院反应堆工程研究设计所29室和北京市公安局法医检验鉴定中心四个单位的相关人员逐步形成了目标清晰的"清光绪帝死因"专题研究课题组。他们根据开启光绪、隆裕棺椁时遗留下的一些头发、衣物，展开了大量细致艰辛的工作。该课题在研究过程中，获得了国家清史编纂委员会的大力支持，作为《国家清史纂修工程重大学术问题研究专项课题"清光绪帝死因研究"》正式立项。

课题组克服重重困难，运用侦查破案的思维方式，按照法医规范，分为初步检验、全面查证、毒物判定，最终做出结论。

初步检验。头发是人体的重要组成部分，头发的主要成分是含硫的角质蛋白,约占97％,角质蛋白由氨基酸组成,它们提供头发生长所需的营养与成分。因此头发在参与人体代谢的同时,也能记录下特定时期人体积蓄的某些元素信息。因此,根据头发不同截段微量元素含量,就可以推算不同时期人体微量元素的摄取水平的多少,进而可以研究在一定时期内某些微量元素与外界之间的关系。

研究人员首先提取了光绪帝分别长26厘米、65厘米的两小绺头发,将光绪帝的头发按照国际原子能机构(IAEA)推荐的方法清洗、自然晾干后,分别剪成大约1厘米长的26截段和59截段,其中第二绺头发第一段和第五十九段,分别长4.5厘米和3.5厘米,对于处理好的这些头发段,逐一编号、称重和封装,然后用中国原子能研究院微型反应堆仪器中子活化法,即核分析方法逐段检测光绪帝头发中的元素含量。结果显示,光绪帝头发中含有高浓度的元素砷,且各截段含量差异很大,于是专家们又提取了孝定景皇后的头发和同一时期一个普通干尸头发的砷含量。

另外,从理论上来说,长期服用中药的雄黄、雌黄、朱砂等也会导致砷、汞毒物等慢性中毒,直至病变死亡。而据档案记载,光绪帝在宫中被囚禁期间曾服用过中药,为验证光绪帝头发中的异常砷含量是否因长期服用中药导致慢性砷化物中毒所造成,专家们又将光绪帝的头发与当代慢性砷化物中毒的人的头发进行了对比实验,结果显示,光绪帝的头发中最高含砷量是慢性中毒患者最高含量的66倍,且砷分布曲线与慢性砷化物中毒者的砷分布曲线完全不同。因为在慢性中毒死亡的情况下,中毒者头发发根的含毒量会高于发中部和发梢,而光绪帝的情况与之相反,由此证实：光绪帝头发中的高含量砷不但属于异常现象，而且也不是由于服用中草药物造成的。

全面查证。 为了扩大分析范围，在不能开棺的情况下，经过谨慎的研究之后，依照物质吸附和信息转换还原原理，提取了保存在文物库房的光绪帝部分肩胛骨、环椎骨、脊椎骨、肋骨等共七块遗骨及衣物样品测试。结果其肩胛骨、脊椎骨和每件衣物的胃区部位、系带和领肩部位的含砷量很高；内层衣物的含砷量大大高于外层。后来又对光绪帝棺椁内、墓内物品和陵区水土等进行对比实验，结果表明光绪帝头发上的高浓度砷物质并非来自环境沾染。光绪帝头发上的砷来自身体，身体上骨骼上的砷来自尸体的胃腹部，而尸体的衣服和陪葬物品上的砷则来自尸身的侵蚀，

光绪帝死后穿的寿衣

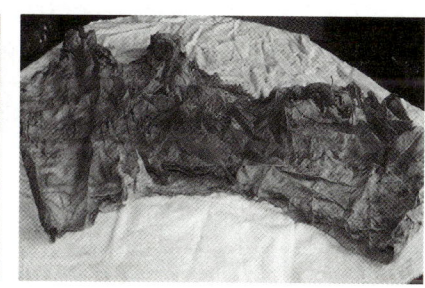

光绪帝死后穿的寿衣裤腿残片

光绪帝死后穿的内衣

因为尸身上大量砷的存在，而其腐败尸体仅沾染在部分衣物和头发上的砒霜总量就已高达约 201 毫克。

毒物判定。所有样品的检验结果仅为砷元素的含量，而其化合物的种类及有关毒性的确切信息并未明确。因为不同种态的砷化合物具有不同的毒性。如无机砷的毒性大于有机砷，三价砷的毒性大于五价砷。砒霜（三氧化二砷）就是剧毒的三价砷化合物。

另外，人体摄入的砷化合物的总量对其是否中毒及中毒死亡具有决定意义。为此，一是对光绪帝衣物中残渣样品不同种态砷（砷价态或形态）进行分析，采用了液相色谱／原子吸收光谱连用分析法研究不同种态砷的比例关系，以判定可能导致光绪帝中毒死亡的砷化合物种类；二是对光绪帝尸体中的砷化合物总量进行测算，进而和人体砷中毒致死量进行比较，以推定其摄入的砷化合物是否能对其人体造成致命的伤害。

结论。通过以上各种检测和分析，最终得出的结果是：光绪帝头发上存在的大量砷元素的唯一来源是光绪帝的尸体本身，造成光绪帝死亡的真正原因是砷中毒。

对于光绪帝死因的破解，涉及"中子活化""X 射线荧光分析""原子荧光光度""液相色谱／原子吸收连用"等一系列现代技术，并有大量的综合分析和模拟实验。对此，国家清史编纂委员会主任戴逸先生认为，"这项工作走出了一条超常规之路，是运用现代科学技术和侦查思维解决历史问题的成功尝试，是自然科学研究与社会科学研究并肩合作的范例"。

国家清史编撰委员会的参与并确认，光绪帝死于砒霜的结论似乎可以尘埃落定了，但实际上还有一些人对于光绪帝死于砒霜

中毒的结论抱有怀疑态度。他们的理由有二:

一是光绪帝脉案没有造假或被篡改的可能。脉案是几名医生和内务府官员、王公大臣在现场情况下写的,皇帝也有可能过目。而且大清国灭亡之后,这些尚在世的医生留有日记或有回忆录,脉案如有篡改或伪造,很难继续隐瞒。因此,光绪帝脉案是最可信的证据。

对持这种观点的人,戴逸先生说得好:"对这些脉案、药方,也要谨慎从事,考察它是什么环境条件下形成的。"

二是库房收藏几十年的光绪帝遗骨不具备检测条件。

对于持这种观点的人,似乎只有检测遗体本身才能获得他们的认同,然而实则他们之所以持反对意见往往觉得比支持更有存在感。

光绪二十五年二月二十日这一天的光绪帝脉案

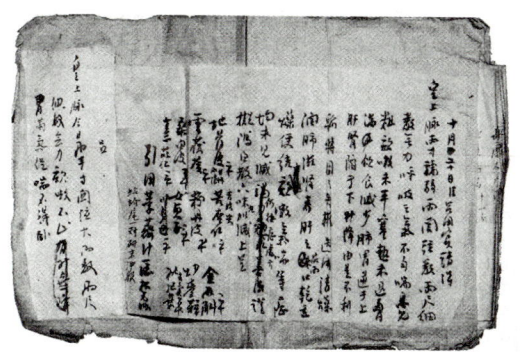

光绪帝临终前的脉案

笔者认为，库房内光绪帝遗骨上的砷含量就是来自于遗体上，遗体上的砷含量会高于遗骨的。库房的部分遗骨上砷的含量都这么高了，都足以置人于死地，还不足以证明光绪帝死于砷中毒吗？

光绪帝死亡的真正原因终于在2008年11月得以确定，关于光绪帝死因的争吵也终于画上了句号，还以历史本来面目。

然而，谁是害死光绪帝的元凶则成为人们再次讨论的焦点。对于这个问题，人们不难想象，光绪帝活着能是谁的最大威胁，谁最恨、最怕光绪帝，谁就是最有可能杀害光绪帝的凶手。当然并不排除几个人共有此心的可能，但谁又有这样的权力和便利条件呢？从光绪帝死前慈禧的一系列政治动作来看，慈禧对光绪帝的死是最知情的人。因此笔者认为，慈禧就是害死光绪帝的真凶，帮凶是李连英，杀手则是受人指使的不知名的太监或者就是李连英本人。

参考文献

《清实录》，北京：中华书局，1985年11月。

《清皇室四谱》，唐邦治 编，上海：上海聚珍仿宋印书局，1923年10月。

《清史稿》，赵尔巽 主编，中华民国初年清史馆编修，北京：中华书局，1977年8月。

《崇陵传信录》，（清）恽毓鼎 著，北京：中华书局，2007年6月。

《德宗承统私记》，（清）罗惇曧 著，《满清野史续编》收录，民国。

《翁同龢日记》，陈义杰 整理，北京：中华书局，1993年8月。

《清代陵寝地宫研究》，王其亨，天津大学一九八四届研究生毕业论文，1984年6月。

《崇陵妃园寝工程做法册》，北京：中国第一历史档案馆。

《溥仪档》，319包，北京：中国第一历史档案馆。

《宫中杂件·后妃人事》，1252号，北京：中国第一历史档案馆。

《宫中杂件》，671号，北京：中国第一历史档案馆。

《溥仪专档》，311包，北京：中国第一历史档案馆。

《新整内务府档》，39包，北京：中国第一历史档案馆。

《溥仪档》，367包、2150包，北京：中国第一历史档案馆。

《晚清宫廷实纪》，吴相湘 著，北京：中国大百科全书出版社，2010年1月。

《太监谈往录》，信修明等 著，北京：紫禁城出版社，2010年7月。

《清宫医案集成》，陈可冀 主编，北京：科学出版社，2009年9月。

《西太后》，余炳坤 等著，北京：紫禁城出版社，1985年12月。

《清西陵史话》，徐广源 著，济南：齐鲁书社，2010年4月。

《清西陵纵横》，陈宝蓉 编著，石家庄：河北人民出版社，1987年6月。

《清朝皇帝列传》，阎崇年 著，北京：中华书局，2010年4月。

《大清皇陵秘史》（第三版），徐广源 著，北京：学苑出版社，2015年7月。

《清代皇帝读书生活》，向斯 著，北京：中国书店，2008年1月。

《帝国的回忆》，郑曦原 编：北京：当代中国出版社，2007年8月。

《回忆我在清西陵工作的日子》，陈宝蓉 文：《文史精华》杂志，石家庄：2010年增刊1、2合刊。

《揭秘清光绪皇帝崇陵发掘始末：医生清理遗体时竟呕吐》，北京：《中国青年报》，2018年3月。

《光绪尸骨历史隐秘：崇陵曾被盗掘盗走数百文物》，凌铃 文，北京：《北京晚报》，2008年12月2日。

《崇陵地宫清理报告》，清西陵文物管理处，1980年6月。

《清光绪帝死因研究工作报告》，钟里满等 著，北京：《清史研究》2008年第4期。

《清朝二十六后妃》，徐广源 著，北京：新世界出版社，2016年7月。

《光绪皇帝的珍妃》，于善浦 著，北京：紫禁城出版社，2005年8月。